MITOdoLOGIA®

PESSOAS E EMPRESAS CRIATIVAS E INOVADORAS. POR QUE NÃO?

MITOdoLOGIA®

PESSOAS E EMPRESAS CRIATIVAS E INOVADORAS. POR QUE NÃO?

PAULO C. A. BENETTI

QUALITYMARK

Copyright© 2003 by Paulo C. A. Benetti

Todos os direitos desta edição reservados à Qualitymark Editora Ltda.
É proibida a duplicação ou reprodução deste volume, ou parte do mesmo,
sob qualquer meio, sem autorização expressa da Editora.

Direção Editorial
SAIDUL RAHMAN MAHOMED
editor@qualitymark.com.br

Produção Editorial
EQUIPE QUALITYMARK

Capa
WILSON COTRIM

Editoração Eletrônica
MS EDITORAÇÃO ELETRÔNICA

CIP-Brasil. Catalogação-na-fonte
Sindicato Nacional dos Editores de Livros, RJ

B412m
    Benetti, Paulo C. A.
        MITOdoLOGIA : pessoas e empresas criativas e inovadoras . por que não?
    / Paulo C. A. Benetti. – Rio de Janeiro : Qualitymark, 2003
        180p. :

    Inclui bibliografia
    ISBN 85-7303-458-0

    1. Criatividade. 2. Criatividade nos negócios. 3. Mitologia. I. Título.

03-2155
                                                          CDD 153.35
                                                          CDU 159.954

2004
IMPRESSO NO BRASIL

Qualitymark Editora Ltda.
Rua Teixeira Júnior, 441
São Cristóvão
20921-400 – Rio de Janeiro – RJ
Tel.: (0XX21) 3860-8422

Fax: (0XX21) 3860-8424
www.qualitymark.com.br
E-Mail: quality@qualitymark.com.br
QualityPhone: 0800-263311

🏛 Dedicatória 🏛

A meus pais e meus filhos.

À minha netinha que, ao ver-me limpando
um ventilador de teto disse:
"Vovô! Você vai voar?"

À Joette Field e Ruth Noller.
Por estas mãos e inteligências,
encontrei o melhor caminho para a
criatividade e inovação.

🏛 Agradecimentos 🏛

É muito difícil encontrarmos uma atividade na qual uma pessoa sozinha consegue os resultados somente com o seu próprio e único esforço. Escrever um livro não é diferente. Há algum tempo eu pensava em escrevê-lo, e já tinha todos os elementos para isto. Faltava alguém que transformasse esta vontade em desafio. Agradeço muito a Vanda Souza. Na última feira do livro, no Rio de Janeiro, ela me fez confrontar comigo mesmo e definir uma data para a realização deste sonho. Aliás, eu acabava de comprar um livro sobre a consecução dos sonhos. Sou muito grato a ela.

Ao escrever o livro, outras pessoas amigas somaram para contribuir. Sobretudo com observações e dicas para a melhoria do meu trabalho. Muito da qualidade deste livro devo a elas. Por isto, também sou muito grato a Ruy e Heloisa Guenzburger, e a Cláudia Quintela. Todos muito carinhosos e pacientes com minhas palavras.

Finalmente, agradeço a minha neta Maria Victória. Sentado aqui diante da tela do computador pessoal, muitas vezes buscando inspiração para dar continuidade ao meu trabalho, era muito gostoso receber o seu carinho ao trazer água ou refrigerante. Muito criança ainda, quase cinco anos, dava mostras de entender a importância do que eu fazia e como deveria estar livre de distrações.

🏛 Prefácio 🏛

Estou encantado em escrever este prefácio para o livro, em português, do Paulo Benetti. No verão passado Benetti me trouxe uma tradução em inglês de uma parte do livro que tratava sobre o caminho que os leitores poderiam tomar para expandir a sua criatividade "usando os fundamentos da sabedoria antiga disponibilizados através da interação com os arquétipos da Mitologia Grega e Romana". Fiquei fascinado com o livro. Estou ansioso em aprender mais, participando de um dos workshops que ele oferece no nosso *CPSI – Creative Problem Solving Institute*, em Buffalo, Estados Unidos.

Os participantes do workshop aprendem tomando parte, ativamente, de uma produção dramática. Benetti explica como usa essa abordagem para, então, conduzir a solução de problemas via o processo de Solução Criativa de Problemas de Osborn/Parnes e de outras abordagens com o intuito de liberar a criatividade e a inovação.

Sendo esta uma abordagem única e interessante, sinto-me feliz em encorajar outros a tentar alcançá-la neste livro. Benetti tem apresentado *workshops* baseados neste livro nos institutos anuais de solução criativa de problemas na Universidade Estadual de Nova Iorque em Buffalo, e em outros programas de criatividade em diversos países.

A parte da mitologia é desenvolvida como um drama no qual os participantes do workshop realmente desempenham um papel. Os workshops, tanto quanto o livro, são elaborados de uma forma bastante interativa.

Espero que o trabalho elaborado pelo Benetti supra os instrutores de novos caminhos no desenvolvimento da criatividade nos seus alunos ao mesmo tempo em que os encoraje a inventar novos processos por si mesmos.

Sidney J. Parnes, Ph.D.
Professor Emérito e Diretor Fundador do International Center for Studies in Creativity, State University of New York, College at Buffalo, e membro vitalício da Creative Education Foundation

Agosto, 2003

Tradução de Regina Maria Armada.

🏛 Comentários 🏛

La MITOdoLOGÍA® de Benetti es una analogía eficaz y poderosa que permite explicar, comprender y experimentar toda la complejidad del proceso creativo a través de una rica e imaginativa situación vivencial. Una herramienta fantástica e innovadora que se convertirá, por su utilidad, en un clásico.

La MITOdoLOGÍA® consigue que la gente entienda la creación como un proceso, que lo haga rápido, que se divierta y que identifique, al mismo tiempo, los factores que potencian o limitan la capacidad creativa.

Benetti demuestra que la creatividad nos permite lograr lo que parece imposible.

Juan Rodrigo
Presidente de la Atico, Consultures de Creatividad – Espanha

Tive a oportunidade de acompanhar a trajetória do Paulo Benetti desde que, há mais de quinze anos, começou a se interessar pelo processo criativo. De interesse, acabou por transformar a criatividade no foco principal da sua vida profissional. Buscou formação sólida no Brasil e no exterior. Passou a compartilhar os seus conhecimentos como professor de disciplinas que tinham o processo criativo como escopo principal, e como conferencista, com presença obrigatória nos principais eventos da área.

Aliada a essa formação e experiência, proporcionada pelos anos que vem trabalhando com o processo criativo, encontra-se uma personalidade extremamente amorosa, preocupada com seu interlocutor, capaz de ouvir com real interesse e que aposta e investe diariamente no crescimento das pessoas.

Este livro é uma excelente oportunidade para que você, caro leitor, possa conhecer essa experiência do Paulo Benetti e usar uma metodologia capaz de potencializar a sua criatividade, por meio de um processo racional e organizado, que passará a desafiá-lo a buscar as soluções possíveis e escolher a melhor, no lugar de simplesmente uma solução, que não tenha proporcionado oportunidade de explorar essa imensa capacidade que temos de surpreender, quando nos damos as chances de buscar o que temos de melhor dentro de nós.

Edson Roman
Diretor Administrativo do Instituto de Pesquisas Energéticas e Nucleares – IPEN, e Membro do Conselho Deliberativo do Centro Incubador de Empresas Tecnológicas – CIETEC

Los seres humanos necesitamos creer para crear. Necesitamos soñar para inventar. Nos ponemos metas para descubrir lo desconocido y superar lo que conocemos. Porque somos búsqueda, pensamiento, misterio, sorpresa. Somos materia e idea. Tratar de explicarnos lo desconocido, aquello que la razón no alcanza a descifrar, es un impulso vital. Y así, tratando de encontrar arquetipos que nos reaseguren, que nos den la dimension de nuestra historia, que nos anclen al pasado para no perdernos en la inmensidad ignota del futuro, nos sumergimos en las fabulas, en trozos de memoria transmitida por milenios, en quizas la primera experiencia cultural humana: el mito. Antiguas narraciones simbolicas de divinidades, seres fantasticos y heroes sobrehumanos nos ayudan a interpretar acciones y problemas actuales y a focalizar nuevas oportunidades.

El trabajo de Paulo Benetti nos permite descubrir – a través de la dramatización – cuanto influencian nuestro comportamiento, individual o de grupo, los modelos primitivos profundamente arraigados en nuestro "inconsciente colectivo" y nos enseña en que modo toda la magia del mito puede aplicarse al desarrollo de nuestra creatividad. La experiencia es sorprendente y lo es mas aun la velocidad de respuestas que los participantes a la puesta en escena pueden recoger en un trabajo de grupo que revisita antiguos mitos en un clima de jubilosa seriedad.

Guingo Sylwan
Sócio da Catullo & Silwan, publicidad – Italia

En Empresa Portuaria Valparaíso estamos convencidos de la necesidad de promover y estimular la creatividad y la innovación como formas de realización humana, tanto entre nuestros trabajadores, como en nuestros ámbitos de influencia de negocios y en la comunidad que servimos. Así provocaremos la invención de soluciones para satisfacer las necesidades de nuestros clientes y el cuidado del entorno del puerto, todo lo cual nos permitirá acceder a ellos en condiciones más competitivas y ventajosas, y descubrir nuevos espacios donde incrementar la variedad de nuestros servicios.

En una brillante jornada de Paulo Benetti, aprendimos que la creatividad trabaja con cuatro dimensiones: la persona, el proceso, el ambiente y el producto. Hoy, estamos abocados a equilibrar y armonizar estos conceptos para obtener una cultura empresarial permeable al proceso creativo, un ambiente facilitador para este fin, un conocimiento adecuado de técnicas y metodologías que estimulen la producción, y una capacidad para desarrollar nuevos servicios con mejores procesos.

Paulo fue para nosotros la revelación que buscábamos: alguien capaz de desarrollar en forma amena y comprensible para nuestros trabajadores, la creatividad entendida como una actitud y un fenómeno estructurable. Ello no es simple y me atrevería a advertir que no existe empresa que no pretenda impulsar dicho proceso, pero no sabe cómo. He aquí el gran valor de Paulo, haber explorado e investigado acerca de la motivación para aprovechar esa riqueza de ideas que todos llevamos dentro y que puede cambiar nuestras vidas.

Estamos convencidos que la creatividad no es un mito, sino una posibilidad cierta que se puede aprender através de MITOdoLOGÍA®, un acierto creativo más de Paulo Benetti.

Harald Jaeger
Gerente General de la Empresa Portuaria Valparaíso – Chile

Nesta última década tive o privilégio de utilizar intensamente a parceria de Paulo Benetti em seminários, workshops, trabalhos em equipe, projetos e execução de atividades, tanto do meio acadêmico como empresarial.

Seus trabalhos na área de planejamento empresarial, programas de gestão, reorganização, solução de problemas, sempre foram utilizando métodos criativos e inovadores, simples, claro e perfeitamente assimilados por grupos de diferentes níveis como presidentes, diretores, assessores, técnicos, secretárias e equipes de apoio.

Sua assessoria foi fundamental para o sucesso de diversos projetos no setor elétrico brasileiro e um conjunto significativo de universidades, dos quais participamos juntos.

Esta nova abordagem MITOdoLOGIA® tem sido bem aceita nos workshops no Brasil e no exterior, e este livro trará uma contribuição essencial para que mais pessoas conheçam este potencial.

Trabalhar e conviver com Paulo Benetti tem sido um prazer, tanto profissional como pessoal.

Sinval Zaidan Gama
Presidente da CEMAR – Centrais Elétricas do Maranhão

MITOdoLOGÍA®, metodología didáctica de la creatividad en acción. La experiencia de observar a cincuenta muchachos aprendiendo sobre creatividad, viviendo la metáfora de la "MITOdoLOGÍA®" ha sido sorprendente y solamente superada por la prolongación de esa sorpresa al descubrir como, en forma de calificativos, apodos y epítetos; esos muchachos mantienen ahora, tres meses después, en su lenguaje cotidiano. Las preguntas, los obstáculos, las sirenas, los apoyos y los resultados resuenan en sus actitudes y cuando observan sus procesos y los procesos creativos ajenos.

Considero la metáfora de la "MITOdoLOGÍA®" de Paulo Benetti, como una herramienta, convincente, ágil y fácil de replantear en diferentes contextos y culturas. Desde la idea o necesidad original, hasta el producto final, Benetti facilita la comprensión de los elementos fundamentales del proceso creativo y el entendimiento del proceso en "sí". Logra desde la vivencia de cada paso y situación del contexto, grabarlo en la memoria de los participantes, quienes hacen suya la experiencia, para luego reflexionar sobre cada elemento.

Felicito la iniciativa innovadora de Benetti y la veo como un punto de partida, como una invitación para crear nuevas alternativas en la misma línea de formación y facilitación de la Creatividad.

Enrique Matheu
Director de El Sitio Cultural – Antigua de Guatemala y Director de la EFCI
– Escuela de Facilitadores de Creatividad e Innovación de Guatemala

Tive o privilégio de trabalhar com Paulo Benetti no *CPSI – Creative Problem Solving Institute* – e pude testemunhar em primeira mão o seu processo de MITOdoLOGIA® em ação com o nosso grupo numa sessão de treinamento.

Todo o grupo de participantes tornou-se profundamente envolvido na preparação e representação do mito com o objetivo de produzir soluções potenciais para o desafio apresentado por um cliente. As soluções resultantes foram muito elegantes e criativas – além do que qualquer um havia considerado possível –, e o cliente ficou muito satisfeito.

Recomendo a sua Técnica do Mito para soluções de problemas, uma vez que ela provê, sem esforço, um destacamento e objetividade para o cliente (muito extraordinariamente através da arte dramática criativa), que é freqüentemente difícil de estabelecer nos métodos usuais de solução de problema. Como um bônus, o processo por ele desenvolvido atinge, de uma forma cada vez mais profunda, a atividade intuitiva do lado direito do cérebro de desempenhar papéis em um drama e dessa forma, possibilita o descobrimento de novas, originais e inovadoras soluções.

Lee F. Dunne
Ex-Vice-Presidente e membro da Creative Education Foundation
Líder do CPSI – Creative Problem Solving Institute, Buffalo, NY

Sumário

Introdução 1

Parte I: 9
A saga de Kala na Grécia Antiga

Mais de dois mil Anos Depois: MITOdoLOGIA®
A saga de Carla 15
    O Encontro com o Especialista 19
    O Oráculo, seus Mitos e Metáforas 23
    Compartilhando o Resultado 29
    Exercitando 54

Parte II: 65
Na Semana seguinte, a Conversa
    As Quatro Dimensões da Criatividade 78
        – *A Dimensão Pessoa* 80
        – *A Dimensão Ambiente* 82
        – *A Dimensão Processo* 86
        – *Dimensão Produto* 94

Parte III: 101
Exercitando, Exercitando, Exercitando com Situações Reais
    Características do Pensador Criativo 109

Os Bloqueios 114
A Cultura e o Clima 119
Os Pensamentos Divergente e Convergente 124
   — Técnicas do Pensamento Divergente 127
      ➢ *Brainstorm* 127
      ➢ *Brainwriting* 131
      ➢ *Brainstorm Inverso* 133
      ➢ *Synectics Visual* 136
      ➢ *Mapa mental como Relações Forçadas* 138
   — Técnicas do Pensamento Convergente 141
      ➢ *Comparação por Pares e Critérios* 142
      ➢ *PPC* 142
Método Osborn/Parnes de Solução de Problemas
de Forma Criativa 145
Transições 158

INTRODUÇÃO

A questão da criatividade e a sua realização, a inovação, vivem com a gente desde a infância. Recordo-me. Vivendo em uma pequena cidade do interior de Minas Gerais, éramos os artífices criando nossos próprios brinquedos e brincadeiras. Criávamos produtos e serviços, com uma paixão de estar fazendo a coisa mais importante de nossas vidas. Por isto, era muito difícil naquela época atender aos apelos da mãe ou da avó para voltar para casa, quando nos terrenos baldios estavam as nossas mais novas criações. Qualquer lata, pedaço de pau, arame, borracha, grude, linha, papel e outros mais seriam suficientes para compormos a nossa mais nova criação e com ela passar horas a fio brincando.

À medida que os anos foram passando, a invenção das brincadeiras foi mudando até que no final da adolescência a questão era escrever para ajudar as pessoas a pensarem em um mundo melhor. Sonho e desejo que o regime político da época fez questão de cancelar e as quais nunca mais conseguimos retornar. Mais tarde tivemos que criar outros.

Para crescer mais foi necessário mudar de cidade. E aí escolhi o Rio de Janeiro. Uma cidade propícia à fantasia e descoberta. Gostei de vir para cá e aqui fui terminar meus estudos para melhorar a vida no trabalho, que havia começado em 1962.

Muitos anos depois, 1985, em uma reunião de diretoria de uma grande empresa, conversamos sobre a questão da criatividade. O presidente estava convicto de que o pessoal poderia contribuir de forma mais criativa. Era uma organização um pouco diferente. Embora tivesse mais de 6.000 empregados, contando todas as suas empresas controladas, tinha um nível de exigência e escolaridade muito alto. A maior parte das pessoas tinha curso superior, muitos mestres, muitos doutores, e um número bastante grande de pessoas com estágio de mais de dois anos no exterior. Esta condição parecia contribuir para que a introdução de um programa de criatividade fosse muito fácil e seus resultados, muito positivos.

Enviamos nossos diretores, superintendentes gerais e gerentes para o único curso naquela ocasião que falava de criatividade. Contratamos consultores para dar programas na empresa. E foi uma grande mobilização. Parecia estarmos no caminho certo.

Um ano e pouco mais tarde, vi que o resultado não havia sido positivo. Não conseguimos o esperado e isto me colocou a pensar. Por que erramos? Este é um dos objetivos deste livro. Mostrar por que as empresas erram ao adotar programas com estratégias equivocadas. Também propor caminhos como os que foram seguidos pela empresa Puerto Valparaiso, no Chile, após um par de horas de palestra e exercícios.

Mas para isto tive que estudar muito. Fui buscar conhecimento no Creative Problem Solving Institute, em Buffalo, nos Estados Unidos. Terminei meu curso em 1996 e passei a ser líder dos seus programas. Mas isto não bastava. Era pouco. Fui fazer um mestrado na Espanha para aprofundar meu conhecimento. Embora muita coisa do que lá apresentaram não tenha sido nova para mim, foi uma oportunidade de dedicar-me e ir fundo nesta área.

Mas o mais importante nesta carreira foi ter trabalhado com especialistas internacionais que vieram ao Brasil, ou que encontrei pelo mundo afora. Aprendi muito com eles e elas. É

Introdução

isto que me dá hoje uma facilidade imensa de trabalhar em qualquer lugar do mundo.

Mas por que aconteceu tudo isto? Em 1989 eu decidi não ser mais executivo. Embora bem-sucedido, queria outros desafios na minha vida, queria construir alguma coisa nova, de que eu pudesse me orgulhar muito. Sabia muito bem o que não queria, mas não sabia o que queria, embora já tivesse feito muitos cursos sobre criatividade.

De repente aconteceu o "anjo da guarda". Quem deseja firmemente alguma coisa, sempre a encontra. Em 1992 fui convidado para trabalhar como assistente da professora Joette Field em um programa de criatividade de cinco dias. Ao seu final, ela me chamou e entregou um envelope, dizendo ser aquele o seu *feedback* do meu trabalho com ela. Fui para o ônibus de volta para São Paulo e abri o envelope. Ali, naquele momento, ocorreu o que pode ser chamado de iluminação. Suas palavras foram de forma tão positiva que me pus a chorar. Havia me encontrado com o que estava procurando. Naquele momento decidi que iria ser um especialista em criatividade e inovação. E daí para frente já contei.

Hoje, como especialista da área vou a países e fico triste ao ver a distância que nós brasileiros estamos do mundo avançado nesta importante área de Criatividade e Inovação. Em algumas oportunidades farei comentários a respeito da nossa capacidade de produzir inovações. Serão comentários breves, porém necessários. O livro não tem o objetivo de discutir profundamente esta questão. Mas não posso me furtar, já que luto para uma grande transformação que nos leve a uma melhoria real de vida do povo brasileiro. Preocupo-me porque estamos cada vez mais atrasados em relação a muitos países do mundo e alguns da América do Sul, que estão levando esta questão da Criatividade e Inovação mais a sério. A Inglaterra decidiu eleger recentemente a criatividade como prioridade nacional na educação básica. Nós aqui não a temos em nenhum momento de nossa vida escolar. Não é somente da administração das contas públicas que vive um país.

Isto não quer dizer que às vezes não seja surpreendido. No ano passado uma pessoa contratou-me para apresentar meu programa aos seus filhos, sobrinhos e amigos e amigas deles. Dizia-me que deveriam aprender criatividade pois seria muito importante. Foi um momento de rara felicidade. Fiquei de alma lavada de esperança. Um dia ainda mudamos tudo isto.

Ao decidir escrever o livro, senti que era muito fácil fazê-lo. Mas tudo que me ocorria era escrever um livro-texto. Ora, este tipo de livro é muito fácil de escrever mas é chato para ser lido. É mais orientado para pessoas que estão na atividade. Ou seja, para iniciados no assunto. A idéia não era esta. O que mais me motiva no livro é oportunidade de despertar a pessoa que o lê para uma vida criativa. Então a questão era saber como escrever o livro. Logo, não era tão fácil como eu pensava anteriormente.

Colocado diante do desafio, cheguei à conclusão de que a melhor maneira seria um conjunto de diálogos. Uma forma interativa. Com uma pessoa que estivesse interessada em resolver uma questão de forma criativa. Com o leitor e a leitora, especialmente com eles. E com quem mais aparecesse na estória.

Senti que escrevendo desta forma ficaria mais fácil as pessoas entenderem as minhas propostas. Especialmente o MITOdoLOGIA® que é hoje conhecido em nove países do mundo e é um programa muito bem-sucedido.

MITOdoLOGIA® nasceu de uma forma muito interessante. Sempre trabalhei com sistemas de geração de idéias, especialmente com grupos de pessoas para este fim. Já havia sido meu trabalho de final de um curso de dois anos sobre psicodrama organizacional. Já havia desenvolvido o meu programa "Tenda dos milagres". Já havia feito diversas experiências com alunos em um curso de extensão, que se repetiu por quatro anos na PUC-Rio. Enfim, estava maduro para que alguma coisa nova acontecesse.

Até que, em um aniversário, um casal amigo, Ruy e Heloisa Guenzburger, deram-me o livro do Thomas Bulfinch, que

Introdução

trata da idade da fábula. É um livro escrito no século XIX, mas muito apropriado. Ao ler, fui reparando que muitos mitos e seus arquétipos coincidiam com a minha maneira de ver o processo criativo, segundo o modelo Osborn/Parnes.

Decidi, então, construir um novo programa com os mitos. Deixar que eles nos ajudassem a aprender o processo criativo. E daí nasceu um drama, quase uma peça de teatro. Uma hora e meia de encenação sobre uma situação real.

Escrevi todo o drama e os papéis a serem interpretados pelos participantes. Alguns com muita autonomia de trabalho, outros mais pautados. E ali estava. Decidi apresentá-lo no CPSI – Creative Problem Solving Institute, em Buffalo. E me preparei para isto.

Entretanto, dois meses antes, estava passeando de férias em Mendoza, na Argentina, e minha amiga Juana Rodriguez Pintor me disse que havia uma empresa interessada em conhecer meu trabalho. Vi que era a chance do MITOdoLOGIA®. Era a oportunidade de passar por uma oficina de participantes exigentes antes de chegar ao seu destino, o CPSI.

O programa, embora apresentado pela primeira vez, foi um sucesso muito maior do que eu poderia imaginar. Lembro-me a sofreguidão com que um participante, no papel de Cliente, pegava as idéias para si depois que a oficina havia acabado. Como celebração a este momento resolvi escrever a primeira parte deste livro com um problema similar ao que o cliente de Mendoza havia postulado. Foi uma experiência gratificante vê-lo resolvendo um problema profissional e da empresa que trabalhava.

A chegada deste programa a Buffalo – meca de muitos estudiosos da criatividade – foi muito desejada mas não tinha mais o frio da barriga da estréia. O programa estava bem. Havia conversado antes com Marci Segal – antropóloga e uma das maiores especialistas internacionais em criatividade e tipos psicológicos – que ajudou durante a oficina e até me deu sugestões quanto à produção dos textos e condução dos trabalhos em inglês, sua língua materna e não a minha.

Apresentei antes o programa para os alunos do curso de Ferramentas e Técnicas para Solução Criativa de Problemas, e o resultado foi muito bom.

Finalmente, veio o dia da apresentação aberta. Como não há inscrições *a priori*, não sabia quantas pessoas iriam estar presentes. Esta era a única preocupação, pois são necessárias pelo menos 15 pessoas para que o drama transcorra e tenha seus papéis todos ocupados. Chegaram 40 pessoas. Mais de 10 nacionalidades. Após a apresentação e o sucesso que obteve, diante de um conjunto de participantes tão eclético, reparei que tinha em mãos um produto excelente.

Este livro relata este programa e está dividido em três partes. Em todas procuro a interatividade com os personagens e o leitor. Sinto que esta é uma boa forma de ir conhecendo e aprendendo ao longo da leitura.

Na primeira parte, você encontrará o MITOdoLOGIA® propriamente dito. Ele está referenciado à busca de soluções que se realizava aos oráculos na Grécia antiga. Descrevendo uma situação de uma gerente e sua procura pela melhor solução, você verá a participação de diversos mitos no processo criativo, como forma de facilitar a aprendizagem do mesmo.

Na segunda parte, relato uma conversa com os profissionais do departamento daquela gerente. Evidentemente que conto com a sua participação. Muitas vezes vou convidar você para intervir com o seu conhecimento e suas próprias observações. Nela vamos explorar a diferença e complementaridade da Criatividade e da Inovação, e discutir por que as empresas falham na implantação das mesmas.

Finalmente, na terceira parte, vou conversar mais com você diretamente. Ofereço algumas oportunidades para que compreenda melhor o seu posicionamento diante da criatividade e dos bloqueios. Coloco alguns exercícios para serem feitos, na certeza de que, aprendidos, serão de grande valia para o seu uso cotidiano.

Introdução

O livro é básico. O domínio do que nele está permitirá a você levar uma vida mais criativa e inovadora. Portanto, mais feliz. Assim, desejo firmemente que este livro ajude os leitores a compreenderem o quanto é fácil trabalhar com o processo criativo.

Sucesso!

Rio de Janeiro, Agosto de 2003.

Parte I

A saga de Kala na Grécia antiga

A criatividade é a essencialidade do humano no homem. Ao exercer seu potencial criativo... o homem configura a sua vida e lhe dá um sentido.

Fayga Ostrower

K alapodopoulos pega as provisões e coloca em um embornal. Servirão para a sua grande jornada até o Oráculo de Delphos. Nestes últimos dias ele tinha conversado muito com a mulher e os filhos. Procurara entender a situação por que passavam e quais os problemas que deveriam ser resolvidos. Nos últimos anos as colheitas não tiveram bons resultados. Algumas vezes muito boas, outras más. O resultado das vendas das colheitas estava cada vez mais incerto. Kala estava apreensivo e não encontrava respostas para suas questões. Havia reduzido o número de escravos. Não porque os mandara embora. Não estava repondo aqueles que fugiam ou morriam. Mas Kala estava com esperança. Nunca havia usado o oráculo, embora muitos amigos já tivessem sugerido.

Kala beijou a mulher e se despediu dos filhos. Olhou ternamente para a pequena Athina e foi-se. Era uma longa caminhada, naquela época bastante dura porque era verão e os dias, de um calor intenso. Às vezes insuportáveis. Kala pretendia andar o máximo possível pela manhã e pelo final da tarde. Tentaria descansar na hora do sol a pino. Sua mulher havia insistido para que levasse uma mula para carregar as coisas e fazer a caminhada menos difícil. Mais alguma coisa para tomar conta seria um empecilho para sua viagem. A família acabou concordando com ele.

Lá se foi ele. Foram longos oito dias de caminhada. Em alguns lugares encontrou onde descansar. Mas nem sempre isto ocorreu. Muitas vezes teve que dormir nas montanhas. Mas o objetivo merecia este sacrifício.

Chegando à cidade, Kala reparou que pouco conhecia o mundo. Estava acostumado a vender sua produção para comerciantes de pequenas comunidades. O movimento da cidade o assustou e ao mesmo tempo intrigou. Como podiam viver aquelas pessoas com aquela movimentação? Mas não esqueceu para onde deveria ir. Perguntou a um e outro pedestre e foi direto.

O oráculo era um lugar lindo. Um prédio monumental na parte baixa de uma colina, dominada por uma vegetação ampla. Uma gostosa brisa soprava e Kala aproveitou para sentar e descansar um pouco. Tudo que via, cheirava, ouvia e sentia era diferente. Um novo mundo descortinava-se para Kala e, especialmente naquele momento, estava aproveitando tudo. Crianças brincando ao longe. Um círculo de jovens atentamente ouvindo um senhor que lhes falava de forma pausada e muito clara. Os jovens pareciam embevecidos. Assim também estava Kala com tudo aquilo. Jamais imaginara uma coisa igual àquela. Gostaria de um dia poder trazer sua família para ver tudo aquilo e compartilhar da mesma alegria que estava tendo. Só de ver poderia contar muitas histórias para todos em casa.

Tirou um naco de pão e de carne salgada do embornal e alimentou-se. Talvez tenha sido esta a primeira vez nestes últimos dias que ele estava comendo sem a preocupação de se defender de animais selvagens. Sua alegria transbordava seu próprio ser.

Enquanto via as pessoas fazendo coisas tão diferentes, pensava nos problemas que havia trazido para os sacerdotes do oráculo ajudarem a resolver. Ao comer teve tempo de pensar mais um pouco naquilo tudo que o havia trazido até aqui. Sua expectativa era tão grande quanto sua esperança. Sorria. Por certo levaria boas notícias para sua gente. Mas queria ouvir para tirar conclusões.

Descansado, ele se preparou para entrar no oráculo. Sentia um misto de alegria e apreensão. Foi entrando. Reparou o caminho que outras pessoas faziam. Havia alguma coisa parecida com uma fila. Mas nada muito organizado. As pessoas iam chegando e sentando próximas aos sacerdotes e às sacerdotisas. Estavam ali para ajudar na busca de soluções para os problemas apresentados. Dizia-se que suas respostas eram a interpretação dos sons das deusas nas plantas ao redor do oráculo. Os presentes perguntavam e elas respondiam. Os sacerdotes e as sacerdotisas interpretavam e diziam em sons compreensíveis aquilo que era apenas ruído.

Embora parecessem falar em uma ordem, Kala observou que, por vezes, algumas pessoas deixavam de perguntar. Ficavam quietas. Somente ouviam. Outras tentavam falar muito, como se isto explicasse sua pergunta ou reduzisse a angústia. Os mestres ajudavam a esclarecer as perguntas.

Kala percebeu uma oportunidade para perguntar e assim fez. E esperou a resposta. Um dos sacerdotes olhou para ele e disse algumas coisas. Depois outro fez a mesma coisa. E outro, e outro. Kala ficou surpreso. Não esperava tanta informação assim. Pensava em receber uma sugestão e pronto. Não foi assim. Recebeu muitas. Entendeu todas e guardou-as muito bem em um cantinho da sua memória. Ficou mais algum tempo e fez novas perguntas. E, da mesma forma que antes, os sacerdotes responderam.

Kala agradeceu. Colocou um pouco de comida em um local apropriado, como uma oferenda, e foi-se.

Não havia terminado. Apenas não saberia como continuar com tanta informação. Achou melhor pensar no que havia recebido e depois voltar. Foi então passear pela metrópole. Caminhou por vielas e viu casas imponentes. Palácios. Uma vida abastada. Em seu cérebro havia um turbilhão acontecendo. Um mundo novo descortinava-se à sua volta e uma vida jamais imaginada. Punha atenção em tudo. Queria contar tudo em casa. Só por isto sua viagem parecia ter valido.

Em um jardim muito bonito havia algumas pessoas sentadas na relva prestando atenção a um homem de bastante idade. Ele falava pausadamente, como se explicasse alguma coisa muito complexa. Mas a atenção era total. Kala decidiu parar e também ouvi-lo. Soube, por um dos ouvintes, que aquele sábio discorria sobre geometria. Por todos os deuses, Kala estava embevecido. Sem entender nada, jamais poderia imaginar algum assunto no mundo que não tivesse ouvido, ou falado com alguém. Tudo que era dito não fazia o mínimo sentido em sua cabeça. Mas Kala percebeu estar em outro universo. Deliciava-se. E, por vezes, pensava em como poderia contar aquilo em casa. Fixou-se no que o homem falava e pronto. Alguma coisa lhe faria sentido.

Terminada a fala, Kala voltou a caminhar pelas ruas até encontrar um lugar onde poderia comer alguma coisa e descansar. A comida do seu embornal seria guardada para a volta.

Também o sabor era diferente. Mas isto não foi surpresa para Kala. Nas poucas andanças pelos arredores de sua vila havia experimentado outras comidas.

Foi dormir. Uma noite de sonhos estranhos e ao mesmo tempo interessantes. Todas as coisas vistas naquele dia misturavam-se em sua mente. Seria mais um outro capítulo das histórias a serem contadas ao seu pessoal.

Levantou pela manhã, aprontou-se e foi novamente ao oráculo. Estava ansioso para ouvir novas soluções para seus problemas. De novo entrou e foi logo se postando de forma a fazer, a qualquer momento, perguntas aos sacerdotes.

Fez as perguntas e avidamente colheu as sugestões de que precisava. Juntou suas coisas e voltou em direção ao seu rincão. Lá foi ele. Em sua caminhada aproveitou para relembrar tudo que foi falado e havia visto. Estava feliz e contente. Sua esperança iria se concretizar. Tinha muita vontade de chegar logo e poder compartilhar tudo aquilo. Procurou andar mais depressa. Não sabia se porque havia encontrado boas soluções para seus problemas, ou porque queria falar, falar e falar. Afinal, contar tudo aquilo que havia passado. E não era pouco.

Nem atenção deu ao caminho de volta. Caminhou rápido, e rápido chegou. Encontrou a todos com muita ansiedade de notícias. Sua alegria contaminava. Kala beijou um por um e sentou. Sua vontade de contar sua saga era muito maior do que o cansaço. A partir daí tudo seria novo para todos naquela casa.

MAIS DE DOIS MIL ANOS DEPOIS: MITOdoLOGIA®
A saga de Carla

> *A capacidade de trabalhar, de se divertir e viver de forma criativa está ao alcance de todos. Ela não é apenas um processo natural; é o processo natural.*
>
> George Land e Beth Jahmman

A reunião é tensa. Carla procura dar informações sobre o projeto que gerencia, mas não são convincentes. O diretor de sua área está visivelmente aborrecido e não está conseguindo levar a bom termo a reunião com a empresa para a qual estão prestando consultoria. O projeto é grande e envolve muitas pessoas de ambos os lados. Como não está indo bem, as acusações sobre quem está errando recaem sobre Carla e sua equipe.

Para ela este trabalho é um ponto de honra. Recebeu-o com a promoção. Num ambiente onde somente os homens têm chances de gerenciar projetos, isto é muito importante para ela.

A reunião termina e os apertos de mãos são mais para cumprir formalidades do que amigáveis. Fica no ar a sensação de que, se não houver mudanças, algumas pessoas daquela sala poderiam não estar presentes em reuniões futuras.

Carla vai para sua sala. Senta. Algumas lágrimas descem pelo rosto trazendo junto um pouco da maquiagem leve que havia colocado. Ela tem vontade de colocar sua decepção toda para fora, mas sabe muito bem que isto não é próprio naquele lugar. Será considerada fraca e existem outras pessoas de olho no seu lugar. Qualquer chance servirá de justificativa. Engole fundo e decide fazer alguma coisa pra melhorar. Restava saber como.

Define para si mesma um desejo firme, um objetivo, quase um sonho: em trinta dias este projeto terá uma avaliação muito positiva. Levanta-se, sai da sala e dá uma volta pelo salão onde estão trabalhando diversos profissionais. Olha a cada um, passa os olhos pelas mesas, procura entrar em sintonia com aquela atmosfera. Se as coisas não estão bem para ela, não devem estar bem para eles também. Alguma coisa deve ser feita e rápido. Sua preocupação é não começar a tomar medidas e continuar em erros.

Volta à sua sala e deixa o pensamento vagar como se estivesse buscando uma solução, ou procurando enxergar alguma coisa que a ajude. Não existem milagres nesta área. O negócio é tomar o caminho certo. Corrigir e dar novos rumos. Mas, como?

A hora do almoço vai chegando e ela sente ser importante conversar com outras pessoas. Telefona para convidar alguns colegas da sua equipe para comer junto. Eles estão muito interessados em saber sobre a reunião. Ela necessita compartilhar os acontecimentos e toda aquela situação. Ao mesmo tempo precisa equilibrar-se para não derramar sua frustração em cima deles e piorar o ambiente.

Respira fundo e vai para o almoço. Tenta contemporizar mas aos poucos vai contando o acontecido. Todos percebem as dificuldades e o que pode ocorrer com ela e com cada um deles. O projeto deve ser melhorado, e logo.

Um deles olha para ela e comenta: Carla, no ano passado estivemos naquele programa de soluções criativas. Por que não lança mão desta ajuda? Este tipo de problema na empresa não é novo e sempre vejo as mesmas soluções, elas acabam por afetar mais ainda o moral da gente. O projeto não recupera o atraso, e tudo fica pior. Já está mais do que na hora de procurarmos outras respostas, outros caminhos, ousar um pouco. Não chegamos a este estágio profissional para ficar na mesmice. Se vamos tentar fazer alguma coisa, vamos fazer com que haja um salto de qualidade. Nós precisamos disto. Necessitamos de nos orgulhar do que estamos fazendo, e não simplesmente ficar cumprindo tabela. Todos aqui estão dispostos a ajudar e ter uma experiência que valha a pena ser contada no futuro.

Carla ouviu e pela primeira vez desde aquela reunião conseguiu esboçar um sorriso e sentir-se apoiada. Até aquele momento estava difícil receber seu próprio apoio. Olhou para o colega de trabalho e aquiesceu balançando a cabeça, e, depois, para cada um deles e sentiu que sorrisos começaram a percorrer a mesa. A tensão diminuiu bastante. Respiraram fundo. Conseguiram mudar de assunto e até falar de amenidades.

Ao voltar para sua mesa trabalho, Carla começou a procurar cartões de visita. Um mundo deles. Não mais se lembrava daquele evento, porque havia sido perturbada por solicitações quase o tempo todo. Ligou para o colega e perguntou se ele tinha o telefone. Na bucha!

Algum tempo depois estava na linha o Especialista. Conversaram um pouco e ele pediu para marcar, ainda nesta semana, duas reuniões de meio dia cada uma. Poderia aproveitar um tempo que estava vago entre alguns trabalhos. Carla aceitou. A urgência requeria rapidez nas decisões.

O ENCONTRO COM O ESPECIALISTA

Naquela primeira reunião o Especialista ajudou Carla a definir claramente o seu objetivo. Transformar o desejo e o sonho em uma coisa real. Conversou bastante tempo sobre todos os acontecimentos conhecidos. Fez anotações em fichas, usando-as como se fossem cartas de baralho. Depois disse a Carla que gostaria de conversar com a sua equipe em uma próxima reunião. Eles deveriam ter muito a acrescentar.

Ao chegar para a segunda reunião, o Especialista explicou o que já havia feito anteriormente e qual era seu objetivo com eles. Novamente foram feitas várias perguntas. Falaram muito e muitas outras fichas foram preenchidas e agregadas às anteriores. Um grande levantamento de dados. Em um certo momento o Especialista espalhou-as sobre uma mesa muito grande e pediu a eles para juntarem as fichas em grupos de mesma natureza ou assunto. Isto durou mais de uma hora. Algumas vezes fichas eram mudadas de grupos, e em outras vezes elas eram duplicadas para pertencer a mais de um grupo. Outras foram simplesmente para o lixo porque estavam repetidas.

A mesa ficou como um mosaico com as partes ainda separadas. O Especialista pediu a todos para analisarem os grupos de fichas.

Avaliem bem. Procurem sentir o que está intimamente ligado ao objetivo e trará a luz, se for bem trabalhado.

Eles leram, analisaram e trocaram algumas impressões. Jamais haviam feito nada igual a isto. Quer dizer, nunca haviam se preocupado com a melhoria de um projeto de forma tão estruturada como estavam fazendo. E estava sendo muito fácil.

Foram convergindo até chegar à conclusão de que um determinado grupo de fichas tinha maior importância. Ali estava, para eles, o maior conjunto de situações-chave que afetavam o projeto. Havia outros agrupamentos de informações importantes, mas aquele estava muito destacado. Os dados levantados eram contundentes.

Havia um grave problema de comunicação entre todos. Entre Carla e sua equipe; entre os membros de sua equipe; entre eles e a equipe do contratante; e entre os próprios membros da equipe cliente. Tratava-se da Torre de Babel. Com isto, os dados nunca eram adequados; trabalhos eram realizados com informações insuficientes e, por isto, refeitos várias vezes. As informações vinham de diferentes fontes e nem sempre eram consistentes. O seu pessoal não atentava para isto porque não se comunicavam entre si. Retrabalhos. Baixa produção e produtividade. Moral baixo. Satisfação para os que eram do contra. Para Carla uma surpresa. Não tinha a menor idéia sobre o problema. Talvez estivessem confundindo camaradagem com comunicação efetiva.

Ela disse ao Especialista: Entendemos o que nos afeta, mas qual é o próximo passo?

Na próxima semana você vai a um oráculo. Respondeu ele.

Um oráculo?

A pergunta retumbou por toda a sala, já que todos falaram a palavra juntos. Surpresa geral, e uma certa estranheza. O Especialista repetiu:

Sim, um oráculo. Lá resolvemos nossos problemas. É lá que desenvolvemos nossos produtos. Não se esqueça, esteja lá, Carla. E entregou um papel com o local, dia e hora.

Carla experimentava sentimentos muito estranhos em relação a tudo aquilo. Como um oráculo poderia ajudá-la? Mas era necessário dar um voto de confiança, pois até aqui tudo havia funcionado bem.

Já estava se sentindo bem melhor só com o fato de ter as coisas mais claras em sua cabeça. Por certo deveria não apenas aceitar como apoiar aquela sugestão. Saber com clareza o problema a ser enfrentado já era metade da solução.

Estava esperançosa. O pior já havia passado e alguma coisa nova poderia ocorrer. Uma luz estava novamente iluminando seu caminho. E, afinal, tudo encerraria um grande aprendizado.

O ORÁCULO, SEUS MITOS E METÁFORAS

*É na oração que mais nos aproximamos de Deus.
É na criação que mais sentimos o quanto* Deus
está próximo de nós.

Paulo Benetti

No dia marcado pelo Especialista lá foi ela. Tratou de ir mais cedo para não ser prejudicada por qualquer problema no trânsito. Preferiu nem dirigir neste dia. Tomou um táxi e foi.

O lugar tinha uma aparência diferente. Não parecia como um escritório, muito menos um templo religioso. Tinha uma aparência muito própria mas não soube definir muito bem. Talvez fosse o lugar onde ela gostaria de ir algumas vezes para pensar sobre questões muito diferentes e obter respostas originais.

Na entrada, logo na sala de espera, notou que havia outras organizações ali. Uma empresa de cosméticos ocupava um dos espaços e lá estava escrito: NOVA CAMPANHA DE MARKETING. Outra, de produtos alimentícios, ocupava uma sala: DESENVOLVIMENTO DE NOVO PRODUTO. Reparou pelo título que uma fundação trabalhava com um projeto de responsabilidade social.

Várias organizações lá estavam procurando desenvolver novidades para seus clientes. Suas presenças chamavam a atenção de Carla. A atmosfera era gostosa, uma energia positiva, e, sobretudo, um ambiente de satisfação. Como chegou mais cedo pode notar alguns grupos saindo de seus espaços para ir embora. Notava um semblante de alegria nas pessoas, algumas falando em celebração. Não percebeu nenhuma cara fechada. Seria aquele lugar especial? O que estava acontecendo ali enlevava as pessoas. Embora isto intrigasse Carla, trazia, ao mesmo tempo, um sentimento gostoso. Aquele momento poderia ser muito importante em sua vida e fazer uma mudança muito grande no seu trabalho.

Esperou. Aproveitou o tempo para ler seus apontamentos. Reparou num grupo, saindo de um espaço, e pode ver como era lá dentro. Havia mil coisas dentro da sala. Mil objetos. Diferentes, comuns, estranhos. Como se fosse uma sala de brinquedos, porém com muitas outras coisas. Que estranho!

O Especialista veio em sua direção e cumprimentou-a. Estava alegre e conseguiu transmitir isto a ela. Sentou-se ao seu lado e procurou repassar as reuniões anteriores. Descreveu como seria entrar em um oráculo. Lá encontraria sacerdotes e sacerdotisas. Vários outros personagens iriam participar do evento. Não era um ambiente esotérico, mas era muito simbólico, e tudo o que aconteceria ali poderia ajudar muito a encontrar a solução procurada.

Ela deveria dar suas informações, deixar bem claro o seu problema e pedir aos sacerdotes e sacerdotisas que dessem idéias para resolver criativamente a questão. Daí em diante deixasse acontecer. Ele lá estaria para apoiá-la.

Carla dirigiu-se ao local. Havia um astral um pouco diferente. Viu em torno de 10 pessoas sentadas em um semicírculo. Uma cadeira vazia denunciava seu lugar naquele ambiente. Olhou para o lado e viu mais duas pessoas com canetas às mãos. A sorte estava lançada. Ela deveria fazer o combinado.

Sentou-se. Olhou para todos em volta e por um instante percebeu que suas fisionomias eram muito semelhantes às de seus colegas de trabalho. Mas, procurou concentrar-se na sua tarefa.

Falou de suas dificuldades nestes últimos tempos e do acontecido nas duas reuniões com o Especialista. E colocou o seu problema claramente.

Os sacerdotes e as sacerdotisas começaram a dizer suas idéias. Duas pessoas em pé, próximas a ela, anotavam freneticamente em papéis adesivos que eram colocados sobre a parede. Era uma torrente de palavras. Carla, no primeiro momento, ficou assustada, mas depois foi se acostumando e já estava querendo parar, pois algumas idéias pareciam interessantes, boas. Olhou para o Especialista e ele fez um sinal que não. Ela entendeu. Relaxou um pouco.

As idéias estavam fluindo muito bem quando, de repente, algumas Sereias entraram no oráculo e começaram a fazer uma confusão imensa. Cantavam e abraçavam os sacerdotes e as sacerdotisas. Beijavam a todos e não deixavam o trabalho fluir. À medida que o tempo passava, as idéias foram rareando até não vir mais alguma. Elas continuavam lá, seduzindo o pessoal.

Carla olhou para aquilo transtornada e sentiu-se angustiada. Queria dar um jeito mas não estava vendo como. Olhou para o Especialista. Ele fez alguns sinais. De repente ela gritou:

Minerva, deusa da guerra defensiva, venha me ajudar. Estou em dificuldades!

Uma figura reluzente entra em cena expulsando todas as Sereias, deixando o ambiente novamente em paz.

Carla sentou-se novamente e respirou fundo. Quando voltaram a dar idéias ela ficou menos apreensiva. Nunca havia passado por tal situação. Assim acreditava. E nem reparou seu ímpeto em chamar uma deusa para ajudar.

De repente entra no local uma outra figura muito estranha. Dizia chamar-se Circe, ser feiticeira e estava ali para transformar os sacerdotes e sacerdotisas em animais. E Carla perguntou:

Por que "animais"?

Porque é a melhor maneira de eles verem o problema de forma diferente e produzirem idéias completamente fora do contexto. É um jeito de colocar o seu problema numa perspectiva não familiar, totalmente estranha, até mesmo paradoxal.

E assim foi feito. Circe transformou cada pessoa em um animal diferente. Explicou o motivo e pediu que procurassem novas formas de ver a questão. Carla olhou e vários "animais" caminhavam pela sala mas continuavam a falar como se fossem humanos. Um borbotão de idéias foi saindo e os assistentes com muito esforço conseguiam anotá-las todas.

Algum tempo depois o fluxo de idéias começou a diminuir e o ambiente ficou cada vez mais silencioso. Carla reparou. Era o momento de parar a geração de idéias. Todos haviam voltado para suas cadeiras, não mais como "animais", mas como pessoas. Ela olhou cada um e agradeceu todo aquele trabalho.

Havia muitas anotações e, portanto, um grande trabalho para ser feito: o de selecionar as melhores idéias. O Especialista sinalizou alguma coisa como se tivesse combinado com ela. Veio então à sua mente a necessidade de chamar o Rei Midas para ajudá-la. E assim foi. À sua chamada entrou uma nova figura no oráculo, onde já não era mais possível ver aqueles que haviam dado as idéias.

Pacientemente Midas leu todas as idéias e foi separando aquelas mais valiosas. Depois releu e separou novamente. Aos poucos foi selecionando as mais originais e relacionadas com o problema. Entregou ao final cinco idéias a Carla. Ela agradeceu e novamente olhou para o Especialista. Ele fez mais um sinal.

Desta vez foi mais fácil para Carla. Como não seria possível trabalhar com todas as idéias ela chamou Minerva, agora como deusa da Sabedoria, para ajudá-la a escolher a melhor idéia. Minerva, fulgurante, olhou para as cinco idéias e escolheu uma. Olhando para Carla disse:

Esta é a melhor idéia. É a que contém o maior número de vantagens especiais e potenciais. Ela tem também algumas desvantagens ou preocupações, mas serão resolvidas facilmente por você e seu grupo. Por favor, tome-a e tenha sucesso.

Carla havia gostado imensamente daquela idéia. Era algo que poderia transformar completamente seu projeto, embora soubesse do grande trabalho pela frente.

Naquele momento interrompe a cena uma pessoa muito charmosa. Era Dédalo. Ele mais que depressa começou a falar que aquela idéia não era boa. Disse várias coisas contrárias e perguntou a Carla por que não procurou por ele. Poderia ter dado uma solução muito melhor. Falava com firmeza e ao mesmo tempo sedutoramente.

Carla sentiu um pouco de confusão, mas havia gostado muito daquela idéia. Parecia ter a solução nas mãos e ela estava escapando pelos dedos. Sabia que poderia ser ajudada. Percebeu a presença facilitadora do Especialista e resolveu pedir ajuda a Hércules.

À medida que Hércules ia chegando, Dédalo foi diminuindo sua firmeza e aos poucos foi procurando uma saída. Hércules fez umas perguntas simples mas pertinentes.

Quais são as vantagens desta idéia? Quem poderá apóia-la na implementação desta idéia? Quem poderá obstruir esta idéia? Como reduzir ou eliminar estas possibilidades? Qual é o momento mais adequado para sua apresentação?

Ao responder, Carla começou a sentir um estado de graça. Estava com todas as condições de consertar tudo e colocar seu projeto no melhor caminho possível.

Hércules despediu-se. Carla viu-se naquele oráculo somente com o Especialista. Ela olhou para ele demonstrando a sua alegria por ter tido um bom resultado, e disse ter muitas perguntas a fazer.

COMPARTILHANDO O RESULTADO

> *"Em relação a todos os atos de iniciativa e de criação, existe uma verdade fundamental, cujo desconhecimento mata inúmeras idéias e planos esplêndidos: é que no momento em que nos comprometemos definitivamente, a providência move-se também. Toda uma corrente de acontecimentos brota da decisão, fazendo surgir a nosso favor toda a sorte de incidentes, encontros e assistência material, que nenhum homem sonharia que viesse em sua direção. Seja lá o que você possa fazer ou sonhe que pode, comece. A ousadia tem gênio, poder e magia dentro de si. Comece agora."*
>
> Goethe

O que aconteceu aqui é a dramatização perfeita do processo criativo. Não é mesmo? perguntou Carla.

Sim. É um dos processos. Existem outros processos. Esta metodologia usa o processo criativo para obter as respostas. Outras também fazem isto e também são muito eficientes. Quando você entrou aqui viu em algumas salas dizeres sobre o que estavam fazendo: desenvolvendo novos produtos; preparando campanhas de marketing; e outras. Muitas vezes lançamos mão de outras técnicas para chegarmos ao resultado final. Uma metodologia pode se mostrar bastante bem-sucedida em vários tipos de projetos, e de repente não ser boa para outros. Temos que contar com o fator humano. Cada pessoa tem o seu processo e cabe a ela desenvolvê-lo cada vez mais. As técnicas servem para colaborar com isto. Elas nos ajudam a desenvolver a capacidade de ter soluções criativas. Os métodos Osborn/Parnes, o Synectics e o TRIZ são todos eles muito bons. Cabe ao especialista saber qual pode colaborar melhor e o que estão querendo encontrar. Os participantes vão dar a ele o caminho a ser seguido.

E qual você trabalhou comigo? Argüiu Carla.

Foi a metodologia de Osborn/Parnes. Como você viu, ela se mostrou bastante eficiente neste caso. Respondeu o Especialista.

E por que esta dramatização? Vi tantos personagens da mitologia grega e romana. Eles representavam metáforas, não é mesmo?

Sim, perfeito. Quais os personagens que você encontrou?

Antes de Carla responder, liste a seguir os personagens que você reparou no evento dela:

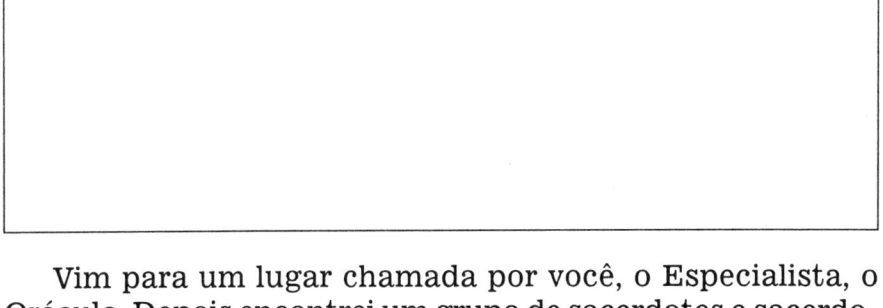

| |
| |

Vim para um lugar chamada por você, o Especialista, o Oráculo. Depois encontrei um grupo de sacerdotes e sacerdotisas; daí vieram as Sereias; depois a Minerva; em seguida, Circe. Aí paramos um pouco e logo vieram o Rei Midas, novamente Minerva, Dédalo e finalmente Hércules. Toda a movimentação e a participação deles teve a sua direção, mas eu quase não notei.

Muito bem. Você guardou-os muito bem. E provavelmente tem uma boa idéia do que cada um representou neste processo. Não é verdade?

Tenho sim. Posso até explicar.

Muito bem. Vamos lá.

Por exemplo, há alguns personagens e situações bem reais. São encontrados no nosso dia-a-dia. Outros só existem em nossa mente. São atitudes desenvolvidas que colaboram ou não com o processo.

Antes de Carla explicar, descreva abaixo aqueles que são reais e os que estão somente em nossa mente:

```
┌─────────────────────────────────────────────────────┐
│                                                     │
│                                                     │
│                                                     │
│                                                     │
│                                                     │
└─────────────────────────────────────────────────────┘
```

Bom, entendi que o cliente, na realidade eu, o Especialista, os sacerdotes e as sacerdotisas, Dédalo e o Oráculo eram bastante verdadeiros. Nós os encontramos onde quer que trabalhemos, ou toda vez que fazemos um trabalho destes. As Sereias, Circe, Midas, Minerva – nas duas aparições – e Hércules não são reais. São imagens daquilo que acontece em nossa mente.

Ótimo. Vamos falar de cada um deles. Vamos ver as representações. Vamos começar por você que, na realidade, era o cliente. Ele faz com que estas coisas todas existam. Fale um pouco sobre ele.

Aproveite e escreva abaixo as principais características do cliente. O que você percebeu?

```
┌─────────────────────────────────────────────────────┐
│                                                     │
│                                                     │
│                                                     │
│                                                     │
│                                                     │
└─────────────────────────────────────────────────────┘
```

O cliente é a pessoa que tem um objetivo, um sonho, um desejo. Alguma coisa a ser resolvida ou desenvolvida. Enfim, ele quer criar alguma coisa nova e melhor. Por isto recorre àqueles que podem ajudá-lo.

E em seguida...

Vamos ver. A exemplo da estória de Kala, o grego, como na minha situação, o cliente queria resolver uma questão importante e gostaria de ter uma abordagem nova do que já teve no passado. Era fundamental ter nesta hora um objetivo muito claro. É preciso saber o que se quer realmente e para isto é importante conversar e entender a essência. Na estória grega, Kala conversou com a família. Eu conversei com você. Contamos com a ajuda da minha equipe. Foi importante levantar um grande número de informações sobre o assunto. Sejam elas fatos, sentimentos, percepções, observações, ou que quisermos chamar. Levantamos dados exaustivamente. Organizamos todos e analisamos detalhadamente para entendermos o que deveria ser resolvido. Seria um novo produto ou serviço? Seria um problema que nos aflige? Seria uma nova forma? Uma nova relação? Sim, isto se aplica a qualquer coisa, inclusive nas relações entre pessoas. Freud criou toda uma nova abordagem nas relações pessoais e chamou-a de psicanálise.

Muito bem, Carla. Entender qual é o problema mais relevante é crucial. Já dizia Einstein: "se tivesse apenas uma hora para resolver um problema muito relevante, usaria 55 minutos para entendê-lo e 5 para resolver". Assim é o entendimento do problema. Se você não tivesse procurado uma ajuda para entendê-lo, talvez hoje tivesse trabalhando na direção completamente errada. A propósito, deixa-me contar uma estória sobre a importância de entendermos muito bem o problema:

Estava em um congresso de Criatividade em 2001, em Barcelona, e o professor Robert J. Stermberg, da Universidade de Yale, contou o seguinte: um profissional muito competente trabalhava em um departamento e era o melhor dos que lá estavam. Estava muito interessado em receber uma promoção. Mas isto esbarrava no seu chefe. Era um excelente gerente e levava muito bem a área. Além de ser bom, era muito respeitado. Não estava vendo muita chance. Então resolveu preparar o currículo do seu chefe e entregar a uma destas agências que caçam talentos, *head hunter*. E assim fez. A agência gostou muito do currículo do seu chefe e logo conseguiu um lugar excelente, com ótimas condições de trabalho e salário para ele. Assim seu chefe saiu da empresa, vagou o lugar, e o nosso profissional foi convidado para a posição dele.

Este exemplo é fascinante. Ele nos mostra a importância de entendermos claramente o que devemos resolver. Não havia me detido antes para pensar. Com este processo o entendimento fica muito mais fácil.

Não tenha dúvida, Carla, você poderia ter pensado isto também. Basta querer. Bem, vamos resumir o que foi feito até agora:

Você tinha um objetivo; depois levantou diversos dados a respeito; e finalmente definiu o seu real problema. Assim temos:

- Objetivo;
- Levantamento de dados; e
- Definição do problema.

Três importantes etapas do nosso trabalho. E aí você foi para...

Para o Oráculo!

Antes de Carla falar sobre o Oráculo, descreva a seguir o que percebeu neste local. O que representava o Oráculo nesta dramatização?

Nele encontrei sacerdotes e sacerdotisas que em verdade eram um grupo de geração de idéias. Em algum momento até pensei serem os meus colegas de trabalho. Havia muita semelhança.

E eram, Carla. Eram eles mesmos. Mas vestidos de outra forma e com as feições preparadas para aquele ritual. Assim devem ser os grupos de geração de idéias. Devem ser preparados antes para fazer este trabalho. Não devemos simplesmente começar a reunião de geração de idéias diretamente, sem uma transição. Afinal é importante a gente se desligar do que estava fazendo antes, e, se possível, deixar a mente completamente livre. Chamamos isto de aquecimento não-específico. Ou seja, ele ajuda a transição entre o lugar de onde viemos para o lugar onde estamos. Se quisermos aquecer para alguma coisa específica então devemos prepará-los para isto. Antes de entrar eles fizeram um ritual. Este ritual e o fato de estarem em um Oráculo ajudaram-nos a entrar em sintonia com a geração de idéias. Mas voltemos ao Oráculo, era dele que você estava falando.

Foi fantástica a idéia de eu vir para um lugar diferente e especial. Consegui me ligar no assunto e tive uma atenção mais concentrada. Não houve distrações e tudo correu muito bem. A atmosfera local contribuiu para se fazer um bom trabalho. Teve uma condução muito boa. Vou conversar com os diretores na empresa. Isto pode ser feito lá.

Muito bem. Você concluiu muito bem. Este tipo de trabalho já é feito por muitas empresas. Elas preparam salas ou locais para isto. Ou mesmo vão para um lugar completamente diferente. Trata-se de um Oráculo físico.

Entendo. Na realidade é um local. Eu mesma posso ter o meu local favorito para pensar. Muita gente resolve coisas quando estão no banheiro pela manhã; quando estão no trânsito; quando estão passeando por um lugar interessante; ou por um centro comercial, enfim, a gente vai se acostumando com determinados lugares e ali as coisas podem acontecer melhor. Já li que muitos escritores fazem isto. Ocupam uma sala preparada por eles mesmos, e ali ficam esperando até que as idéias comecem a vir à cabeça.

E existem outros Oráculos.

Ah! estou percebendo. Ao falar do oráculo anterior vi a necessidade de se ter um momento para nos dedicar a pensar. Ou seja, um oráculo temporal. Em uma determinada hora do dia, da semana, ou do mês, vamos simplesmente pensar em formas diferentes e originais para o trabalho que estamos fazendo. É como o exemplo do escritor e até mesmo do pintor. Eles se acostumam a ir para a sua sala ou estúdio num determinado período do dia, e ali começam a fazer alguma coisa. Deixam a mente fluir e as palavras ou as pinceladas chegarem. Isto pode ser feito nas empresas. Basta definir um período do dia na semana ou no mês para pensar de forma criativa. E os colaboradores de uma determinada área vão para lá e começam a gerar idéias para desenvolver novos produtos, serviços, resolver problemas etc.

Perfeito, Carla. Muitas empresas já fazem isto há muitos anos. Algumas já fixaram o momento para que cada área use o pensamento de forma divergente e busque novidades para o seu trabalho. Pelo menos naquele horário fica garantido o uso da criatividade. Cria-se uma disciplina e aos poucos todas as pessoas vão se envolvendo até que seja igual a uma ginástica.

Analisando melhor, isto não é um contra-senso com a criatividade? Ela não vem a qualquer hora, sem a necessidade de dirigi-la?

Isto acontece, mas nós podemos induzi-la. Como você mesmo já exemplificou, assim fazem os pintores, os escritores, e hoje fizemos assim. Nós dirigimos a nossa criatividade. Por isto ela pode ser orientada para um determinado momento. Aliás, desenvolver a criatividade é semelhante a fazer ginástica ou caminhadas para nossa saúde. Ao fazermos todos os dias, ou periodicamente, o nosso organismo vai melhorando e chegando onde queremos.

Assim é a criatividade: como na ginástica, temos que exercitá-la sempre. E quanto mais exercitamos, mais ela acontece. Lembre-se de Thomas Edison. Era um inovador de primeira. Ele e seu laboratório desenvolveram mais de 1.000 patentes. E ainda criou uma das maiores empresas do mundo, a GE. Veja também Picasso. Uma produção imensa e muito variada, com criação inclusive de correntes na pintura. Eles foram verdadeiros "ginastas" da criatividade.

Realmente nós podemos fazer muito. Estou admirada com tudo isto. Estou cada vez mais convencida, qualquer organização pode fazer isto. Vou mesmo falar sobre esta questão do Oráculo na empresa. Se não demonstrarem interesse, posso instituir no meu departamento. Lá, vamos ter nosso Oráculo.

Mas ainda não acabou, Carla. Existe também o Oráculo mental. O nosso cérebro gosta de receber dados. Fica brincando com eles todo o tempo. Inclusive quando estamos dormindo.

Dormindo?

Sim. Já não ouviu falar de pessoas que sonham com soluções de seus problemas? E pesquisadores que sonham com as respostas dos seus trabalhos? Isto mesmo, até dormindo. Se você quer resolver alguma coisa, vai enviando informações para o cérebro como se ele tivesse um escaninho só para aquele assunto. Você vai enviando e vai cobrando dele respostas. George Wallas pesquisou isto nos anos trinta do século passado: a mente vai fazer uma Preparação com o recebimento dos dados; depois vai fazer uma Incubação, deixando que os dados façam combinações entre si; de repente vai acontecer uma Iluminação, é a idéia; e, finalmente, faz a Verificação para ver se a idéia é factível. Ficou claro? A mente tem quatro fases no processo criativo: Preparação, Incubação, Iluminação e Verificação. Todas elas podem ser induzidas ou não. Como quiser.

Então, Especialista, há três tipos de Oráculos: físicos, temporais e mentais. Todos podendo acontecer ao mesmo tempo.

Isto mesmo. Sua compreensão está perfeita. E poderá utilizar daqui para frente como achar melhor.

Você já percebeu a importância dos oráculos para si mesmo/a e para a organização. Como poderia criar seus próprios oráculos? Onde e quando ocorreriam?

Mas voltando ao assunto. Eu cheguei ao Oráculo e lá encontrei um grupo de sacerdotes/sacerdotisas para os/as quais expliquei a questão a ser resolvida e lhes pedi idéias. Começaram a dar idéias, as quais vinham em papéis adesivos e eram colocados na parede por duas pessoas que estavam ajudando. Você estava com a atenção muito concentrada no que todos estavam fazendo.

Sim, Carla. Neste momento a geração de idéias deve fluir com muita facilidade. O especialista prepara o ambiente para ter um bom início e vai aumentando cada vez mais a fluidez das idéias. A cada nova situação intervém, e o fluxo deve ser mantido, ou mesmo criar novas opções para aumentar e manter a contribuição de todos.

Você disse opções. Quais seriam elas?

Em um processo de geração de idéias temos que variar as técnicas. Ao final darei uma relação de técnicas. Mas preste bem atenção quando empregá-las. Por exemplo, há pessoas mais verbais, ou seja, elas gostam mais das técnicas nas quais podem falar e dizer o que estão pensando. O que vem à mente elas dizem. Temos as técnicas de estímulos através das imagens. Há pessoas com mais facilidade de perceber idéias nas figuras, desenhos ou fotos. Outras preferem movimentos. Ou seja, ao caminhar, ao fazer coisas com o corpo, elas conseguem tirar da mente idéias muito boas.

Ao conduzir o grupo de geração de idéias devemos usar técnicas mais relacionadas com cada um destes grupos. Usamos estes estímulos para o grupo produzir idéias realmente originais.

Estou entendendo. Em alguns momentos talvez não seja apropriado usar técnicas nas quais os participantes devem usar a viva voz para comunicar suas idéias. Quando estamos trabalhando em grupos, e se há um diretor na sala, os meus colegas ficam mais quietos. Não conversam muito, não dão sugestões, ou não contestam uma afirmação. A empresa deve ter um ambiente facilitador da relação das pessoas, pois se for do tipo "manda quem pode, obedece quem tem juízo" estou certa de que será muito difícil trabalhar com idéias.

Aqui temos um ponto crítico. Nestas situações e mesmo quando ainda não existe ainda uma experiência grande por parte do grupo no uso destas técnicas, é recomendável não usar técnicas verbais do tipo tempestade de idéias – *brainstorm*. As pessoas não vão se sentir à vontade para dar idéias. Assim devemos usar esta mesma técnica mas por escrito – o *brainwriting*. Ou seja, as pessoas não falam, mas escrevem as suas idéias. E todos vão tendo oportunidade de lê-las. Em ambientes de cultura autocrática ou formal demais esta técnica preserva as pessoas. Para outros, você deve usar também mais imagens e figuras surrealistas.

Vou pensar nisto e ver como posso usar estas técnicas com meu grupo. Vamos ter bons resultados. Estou otimista com meu pessoal. Sempre que tivermos uma boa relação nossas reuniões podem fluir melhor. Seria uma boa oportunidade para nos desenvolvermos. Podemos ter alguma dificuldade no início porque não temos a experiência e o hábito, mas com o tempo vamos atingir patamares mais altos e produzir soluções que ofereçam melhores resultados.

Não tenho dúvida, Carla. É importante persistir porque no começo os resultados poderão ser fracos e desanimadores, mas, na medida em que vão insistindo, todos verão a qualidade aumentando. Os bons resultados logo virão com a perseverança. Você também pode pensar em colocar no grupo de solução de problemas pessoas de outras áreas, e até de fora da empresa. Por exemplo, você está resolvendo esta questão muito importante. Ela vai trazer consigo outras questões para serem resolvidas também. Há sempre uma continuidade. Se trazemos outros profissionais para ajudar, especialmente os que trabalham para o cliente, eles ficarão muito mais comprometidos com os resultados.

Muito interessante. Gostei disto. Se coloco pessoas de outras áreas elas poderão ver as questões de outros ângulos que não havíamos pensado antes. Trazer novas abordagens. Ao incluirmos os nossos clientes poderemos obter um grande ganho na visão dos problemas e na solução dos mesmos. Os próprios fornecedores também poderão trabalhar com a gente. Este é um bom caminho de uma parceria realmente positiva, onde todos se sintam comprometidos com os resultados do trabalho.

Há duas coisas importante no que você falou. Primeiro, a ampliação do âmbito da solução criativa. Incluir mais gente quer dizer mais oportunidades de soluções mais originais e maiores possibilidades de salto de qualidade, passando bem à frente dos concorrentes. Muitas empresas já fazem isto. Especialmente as de marketing. Elas vão atrás de consumidores e procuram soluções com eles. Mas a experiência mais importante é a da 3M, empresa com uma grande gama e diversidade de produtos. Ela precisa estar sempre inovando para manter e ganhar mercado. É um modelo nesta área de criatividade e inovação. Tem um processo bem estruturado de pesquisa de sugestões. Seus profissionais vão visitar os clientes em busca de novas idéias.

Fazem isto porque chegaram à conclusão de que 70% dos produtos desenvolvidos na área química, 30% na área de informática, e em algumas áreas até 100% vinham de idéias dadas pelos clientes. Logo, a sua área de Pesquisa e Desenvolvimento está sempre procurando novas oportunidades junto aos clientes.

A segunda coisa que você colocou foi o comprometimento. Os profissionais que estão ligados ao nosso trabalho sentem-se muito melhor e bastante comprometidos quando se vêem incluídos no conjunto e suas participações são consideradas nas soluções, mesmo não sendo vitoriosas. Isto faz crescer o espírito de equipe e as pessoas sentem-se mais respeitadas, e se dispõem a contribuir mais. A auto-estima vai lá para o alto.

Especialista, estou vendo que podemos criar uma plataforma para isto. Não só vamos introduzir a solução criativa em nossas reuniões e necessidades, mas criar um ambiente onde as pessoas possam dirigir e canalizar outras idéias. Aproveitar oportunidades. Superar desafios. Reduzir pontos fracos. Alavancar pontos fortes. Criar novos produtos ou serviços. Melhorar os nossos processos. Isto é uma maravilha. Assim como Kala, estou descortinando um novo mundo em minha frente. Meus colegas também vão se sentir assim. Como é bom descobrir coisas que nos ajudam a ficar melhores e nos sentir mais humanos.

Estou admirado de como você está chegando rápido a tudo isto. Veja só esta questão de plataforma. Muitas empresas já estão fazendo isto. Criam plataformas para as quais vão idéias dos empregados, dos clientes, dos fornecedores, de diversos públicos de contato com a organização. E qualquer pessoa que tem acesso à plataforma pode desenvolver um projeto baseado numa das idéias encontradas. A organização avalia e, se é uma boa oportunidade, segue em frente. A Nokia faz isto. E é bom lembrar, até 1992 esta empresa não produzia nenhum telefone celular.

A maioria dos exemplos vem lá de fora. Precisamos criar esta mentalidade aqui. Precisamos avançar, Especialista. Eles estão muito mais avançados do que a gente?

Não há dúvida. Vamos pegar o exemplo dos Estados Unidos. É o país mais avançado nesta área da criatividade e inovação e está à frente de todos. Lá movimentam mais recursos com pesquisa e desenvolvimento do que todo o produto interno bruto – o PIB – da maioria dos países do mundo. Em 2000 movimentaram 264 bilhões de dólares, sendo 7,9% a mais do que em 1999. Este número tem crescido entre 6,5 a 7,9% ao ano. Isto quer dizer que antes de 2010 estarão movimentando mais recursos em pesquisa e desenvolvimento do que o produto interno bruto de um país como o Brasil, por exemplo, que foi em torno de 450 bilhões de dólares em 2002. Em 2001 lá foram lançados em torno de 35.000 novos produtos para os consumidores. É uma marca fantástica quando olhamos para um mercado muito competitivo. E não estou falando da área de entretenimento onde gastaram no mesmo ano 143 bilhões de dólares e onde trabalham também com muitos sistemas de criatividade e inovação, seja para o cinema, para o teatro, para a música, ou qualquer outra linha de arte. São números até muito grandes para comparações com nossa economia. Mas vamos voltar à nossa conversa em torno do que aconteceu aqui.

Sim, enquanto fluíam as idéias, de repente entraram as Sereias e...

No seu ponto de vista, o que as Sereias fizeram no ambiente? O que elas representavam?

...elas começaram a atrapalhar o trabalho dos sacerdotes e das sacerdotisas. Causou um pandemônio. Todos ficaram completamente atônitos. Elas bloquearam o grupo completamente. Até eu fiquei por um momento sem qualquer iniciativa. Isto acontece em todos os processos onde usamos o pensamento, especialmente no processo criativo. Sejam eles voluntários ou induzidos, vamos encontrar os bloqueios que nos impedem de ir à frente. E qual a fonte disto? As causas são conhecidas?

Os bloqueios têm muitas origens. Muitas vezes nascem dentro de nossas casas. Dizemos às crianças para não fazer isto, não fazer aquilo, ao invés de estimular o que podem fazer. Elas não devem fazer coisas que atentem contra a sua segurança, mas muitas vezes são deixadas em frente a uma televisão mais para o conforto dos pais. Eles não querem se envolver realmente na educação delas.

Outro lugar é a escola. Vicent Nolan[1], do grupo Synectics, chegou à conclusão: o aluno quando está fazendo uma prova sente medo de não corresponder à totalidade do que ela pede, ou seja, a nota máxima. Este medo traz ansiedade, e a ansiedade traz o bloqueio. Com isto o medo de não acertar bloqueia e impede o aluno de procurar novas formas de soluções, ou abordar o assunto de outras maneiras. O campo de atuação fica muito estreito e não consegue avançar. Assim, o próprio processo de educação formal impede a fluidez e a flexibilidade na geração de idéias. Ao invés de contribuir para o desenvolvimento do potencial criativo do aluno, a educação formal promove o contrário.

Dois professores americanos, Scott Isaksen e Donald Treffinger, fizeram um amplo levantamento sobre bloqueios. Eles mostram três grupos de bloqueios: os Pessoais; os da Solução de Problemas; e os Situacionais. Vamos conversar sobre isto em outra oportunidade. Vale a pena conhecer até para entender o que acontece com a gente durante uma situação de bloqueio.

Vou cobrar de você uma palestra para minha equipe. Vamos aproveitar para ter um conhecimento bastante amplo da criatividade e inovação. Mas você não mencionou o estresse. Existe alguma coisa a respeito disto? Como interfere em nosso trabalho criativo? Hoje em dia fala-se muito a este respeito. Mas já existe alguma coisa concreta a respeito de sua influência na criatividade?

Sim Carla, existe. Há pouco tempo, Teresa Amabile[2], da Universidade de Harvard, liderou uma pesquisa na qual estu-

---
[1] *Nolan in Creative Education – Educating a nation of innovators.*
[2] *Amabile in Harvard Business Review – Agosto 2002.*

dou a atividade de 177 profissionais de empresas nos Estados Unidos. Coletaram diariamente mais de 9.000 informações, e chegaram a diversas conclusões. As empresas onde há muito estresse a criatividade é baixa ou quase nula. Quando o estresse é muito elevado, uma pessoa leva até cinco dias para se recuperar dele e conseguir novamente voltar a criar. Outra conclusão: é necessário algum estresse na organização para estimular a criatividade. Organizações muito "tranqüilas" não criam.

Bom, tenho a impressão de que o importante é começar um trabalho com o pessoal de topo da organização. Se eles conseguirem dominar a sua ansiedade, o próximo passo será com os gerentes. Até a organização deixar de ser ansiosa para ser objetiva. Isto é trabalhoso mas é possível. Percebo agora uma coisa muito interessante, Especialista. Uma organização deveria fazer um grande esforço para desenvolver gerentes-facilitadores. Na realidade estes gerentes poderiam facilitar o desenvolvimento da criatividade e inovação na organização, de forma que os profissionais sentissem mais vontade de contribuir com novas idéias. Mas, voltando ao nosso assunto, quando pinta um bloqueio, o que eu posso fazer?

Sair do lugar onde está pode ser um bom caminho. Um bloqueio na criatividade deve ser tratado da mesma forma do que acontece em um jogo de voleibol. O armador deve fintar a defesa do time adversário de forma que o bloqueio não surta efeito. Assim, o seu atacante poderá colocar a bola do outro lado mais facilmente. Também devemos fintar o nosso bloqueio. Como disse, mudar de lugar. Fazer de forma diferente. Ou seja, se está escrevendo mude para anotações esparsas como se fossem feitas por outras pessoas. Faça um *brainstorm* inverso. Esta técnica é para conseguir idéias que não resolvam o seu caso. Faça o contrário. Procure idéias para piorar ou destruir o que está fazendo ou querendo fazer. Por exemplo: como posso colocar meu projeto a perder? Como posso piorar a situação do meu projeto? Enfim, você coloca de forma negativa e começa a coletar idéias. É interessante porque sempre vêm muitas idéias nestas situações. Depois de um bom levantamento basta você inverter a declaração feita para o problema e inverter todas as respostas. Você vai reparar que vão aparecer muitas respostas fantásticas não imaginadas anteriormente, e o bloqueio pode ser dissipado.

E alguma vez você usou isto em seu trabalho? Funciona?

Sim, já fiz diversas vezes isto e funcionou. Certa vez fiz toda a avaliação de um programa de um MBA pioneiro no Brasil. Foram necessários somente 20 minutos para que umas 30 pessoas dessem suas sugestões e idéias para resolver algumas questões colocadas. Foi maravilhoso, pois nós – a coordenação da universidade federal e eu – pudemos modificar todo o programa e melhorar em muitas vezes a sua qualidade. Bom, mas não vamos nos bloquear neste tema. Temos ainda muitas coisas para ver. Depois das Sereias, o que aconteceu?

Ora, eu estava tão confusa que chamei pela Minerva no papel de deusa da guerra defensiva para ajudar-me. Não sabia o que fazer. Estava apavorada.

Minerva foi chamada por quê? Que metáfora você vê na participação dela?

Isto acontece mesmo na realidade. A gente não consegue avançar e traz o medo, e daí a ansiedade. Agora está claro para mim; até organizações inteiras podem ficar assim quando vêem seus concorrentes ocupando seus espaços. Sentem-se atemorizadas, não conseguindo mover-se. Às vezes passamos por isto onde trabalhamos. É importante ter muito cuidado. Por isto esta metáfora de Minerva nos leva a entender a **necessidade de um auxílio "divino", de uma deusa**. Precisamos tomar uma atitude firme e na direção de resolver a situação. Cada caso é um caso e devemos estudá-lo profundamente para saber as causas e trabalhar em cima delas. As empresas onde trabalhei e trabalho são organizações complexas. Se em situações como esta perdem o comando, ou procuram rotas não adequadas, seu futuro está comprometido. Hoje quando leio a lista das maiores empresas e comparo com a de dez anos atrás vejo que muitas desapareceram ou foram literalmente absorvidas. Ficaram bloqueadas internamente e externamente.

Continuando...

Sim, a partir da saída de Minerva a geração de idéias foi restabelecida. Depois de algum tempo entrou Circe, que fez uma mudança muito grande.

Qual foi a proposta de Circe? E o que aconteceu com a geração de idéias após a sua participação?

Tem razão. Na mitologia, Circe era uma feiticeira. Morava em uma ilha e todos os homens que lá chegavam ela transformava em porcos mantendo a sua inteligência humana. Neste evento houve uma adaptação. Ela transformou a todos, sacerdotes e sacerdotisas, em animais diferentes.

Especialista, entendi a metáfora de Circe como nós devemos ver o problema por outros ângulos. Ou seja, quando ela transforma a todos em animais e pede para verem o problema como tais, está querendo uma mudança de posição, procurando novas formas de gerar idéias. Poderia ter pedido para transformá-los em outras coisas até. É muito importante quando estamos tentando resolver um problema, ou desenvolver um produto ou serviço, pensarmos como se fosse uma outra entidade ou espécie. Um mundo novo abre-se para a gente.

Tem razão, Carla, as técnicas mais felizes nos processos criativos são aquelas que incentivam os participantes a tomarem o problema ou o produto a ser desenvolvido e transportá-lo para um lugar totalmente desconhecido e não familiar para ele. Pode ser até paradoxal. Mas será muito efetivo para os resultados da geração de idéias. Neste lugar os participantes vão tentando verificar como as coisas ou os animais solucionariam-no. Com isto idéias completamente malucas virão à nossa mente.

Muito bem. Vou considerar esta perspectiva de trabalhar problemas em ambientes não familiares a eles. Deverei fazer um esforço muito grande no início. Você sabe que nosso raciocínio é muito lógico. Agora, posso fazer um novo resumo do que vimos até agora?

Sim! Vamos lá.

Até agora falamos do Cliente, do Oráculo, dos Sacerdotes/Sacerdotisas, das Sereias, de Minerva, e da Circe. Isto completa a fase de geração de idéias. Começamos na minha sala com meu objetivo; depois levantamos dados e chegamos à definição do problema. A partir daí foram geradas muitas idéias, colocadas em folhas de papel. Agora vamos entrar na escolha das melhores idéias.

Isto mesmo! Lembro-me, você agradeceu aos sacerdotes e às sacerdotisas e olhou para a parede onde estavam colocadas todas as idéias. Aí você chamou...

Qual era a metáfora relativa a Midas? E qual a sua importância para o processo?

O Rei Midas. É uma metáfora interessante. Tudo o que tocava transformava-se em ouro. Chamei-o para escolher, naquele imenso conjunto de idéias, as cinco melhores. Seu critério era escolher as idéias mais originais que atendiam ao problema declarado. Sendo originais elas agregariam mais valor à solução do meu problema.

E o que aconteceu, Carla?

Ele examinou todas as idéias. A cada uma escolhida, me dizia qual era. Gostei muito. Quando me disse a última idéia reparei uma coisa: a maior parte das escolhidas estava naquele grupo de idéias dadas quando os participantes estavam "animais". De fato aquela mudança ajudou muito a geração de idéias originais.

E de posse das cinco idéias o que você fez?

Chamei Minerva, agora como deusa da Sabedoria.

O que fez Minerva? Qual é a função da sabedoria nesta parte?

Minerva é uma figura mitológica muito interessante. Minerva era o nome dado pelos romanos e Athena, pelos gregos. Ela aparece na mitologia com vários papéis. Uma hora é a deusa da guerra defensiva, como já vimos; outra hora, da sabedoria; outra a protetora dos tecelões, e etc. É uma personagem muito presente. No caso de nosso trabalho ela teve o cuidado de escolher uma só idéia. Aquela que melhor atendia ao meu projeto. Ela falou das vantagens da idéia; e das preocupações que a implantação da idéia poderia trazer. E como eu deveria procurar superar estas preocupações. A idéia está aqui comigo e é muito boa mesmo.

Carla, e o que mais você reparou neste processo de escolha da melhor idéia?

Entendi que o processo de escolha de uma idéia é sempre subjetivo. Todas as técnicas usadas para escolher a melhor idéia no fundo servem apenas para reduzir esta subjetividade. Por isto a metáfora da sabedoria é muito importante. Precisamos ter sabedoria para isto. Sabedoria é um estado que envolve razão, emoção, sentimento, desejo e intuição. Para escolher a melhor temos de juntar tudo isto. Ao mesmo tempo a idéia deve responder a alguns requisitos externos, principalmente os afetados por ela. Uma idéia deve inspirar a inovação; se não, é igual a um balão, existe mas não tem consistência.

Carla, isto é a Inovação. Mais tarde vamos poder conversar um pouco mais sobre isto. Mas, o que veio depois?

Olha, eu estava com uma idéia promissora nas mãos e de repente irrompeu Dédalo na sessão e começou a dizer coisas...

O que representa Dédalo nesta dramatização? Qual é a sua metáfora?

Ele começou a dizer que a idéia não funcionaria e suas soluções eram melhores. No fundo fiquei furiosa com ele porque eu tinha uma idéia muito boa nas mãos. Mas confesso que me deixou confusa. Quando temos uma boa idéia, a primeira coisa que aparece são pessoas contra ela. Esta é a metáfora de Dédalo. Ele foi um mito muito criativo e inovador. Construiu as asas para seu filho Ícaro. Infelizmente morreu ao se embevecer voando em direção ao sol. Mas Dédalo por outro lado era muito invejoso. Não aceitava de forma alguma as idéias de outras pessoas. Trabalhava contra elas. Isto pode acontecer com a gente também. Temos boas idéias e outras pessoas, bastante defensivas, resistentes ou invejosas, podem botar tudo a perder e nosso sonho vai embora.

Não tenha dúvida. Certa vez este programa, mitoδologia®, foi aplicado a uma organização especializada em pesquisa de mercado e marketing no Canadá. Na discussão sobre o andamento do processo, ao se chegar em Dédalo os profissionais participantes perceberam, com os sinais dados por ele, que eram boicotados por outra área da empresa. A partir daí puderam estabelecer novas estratégias para seus trabalhos. Na história temos alguns exemplos muito interessantes sobre isto: Salieri era um grande compositor mas não tinha a genialidade de Mozart. Lutou contra tudo que este fazia. Usou todo o seu poder para anular seu concorrente. Mas não teve jeito, o mundo imortalizou o gênio de Mozart. Outra história foi a da briga sobre quem inventou o cálculo diferencial. Isaac Newton e Leibniz lutavam pela primazia. Criaram uma comissão especial na Sociedade Real Inglesa para dirimir a questão. Esta comissão condenou Leibniz por plágio. Tempos mais tarde descobriu-se o pior. O rascunho do relatório da comissão fora escrito pelo presidente da Sociedade, o próprio Newton. Veja você quanta dificuldade a ser enfrentada. Vamos ter sempre quem queira destruir ou se opor às nossas idéias. Por isto....

Por isto tive que chamar Hércules. Sua metáfora...

O que Hércules representou nesta dramatização? Qual é a metáfora representada por ele?

```


```

...é singular no processo criativo. Ele foi um semideus. Hera, mulher de Zeus, detestava-o e queria a sua morte. Fez de tudo, inclusive pedir ao Rei Euristeu para lhe dar vários trabalhos difíceis de forma a causar o seu desaparecimento. Infelizmente para ela, e sorte para a história, Hércules passou por todos os desafios, hoje conhecidos como os 12 trabalhos de Hércules. A metáfora aqui em nossa dramatização serve para mostrar o quanto é difícil a venda da idéia. É fundamental prepararmo-nos muito bem para isto. Ela deve ser como uma pedra preciosa. Nasce bruta e deve passar por uma lapidação. Depois devemos levantar todas as suas vantagens, saber quais as pessoas que podem apoiar a idéia. Todas as dificuldades que nos traz e quais são as estratégias a serem desenvolvidas para superá-las. Saber todas as pessoas que podem ser contra a idéia e, também, desenvolver estratégias para convencê-las ou reduzir suas ações.

É um trabalho enorme mesmo. Todo o cuidado é pouco com a sua preciosa idéia, porque vai enfrentar dificuldades. Deve estar bem preparada para promovê-la. Com certeza terá sucesso. Não é mesmo?

Certamente. Vou me preparar muito bem. Não posso perder esta oportunidade. Mas, Especialista, e se a idéia final não fosse boa, o que teria acontecido? Eu não teria mais chance?

Carla, não é bem assim. Se a idéia não tivesse sido boa, e isto acontece muitas vezes, você teria recebido uma "Caixa de Pandora".

"Caixa de Pandora"? Por quê?

Preocupado com a vida dos homens na Terra, Zeus decidiu fazer a primeira mulher e enviá-la como presente. Segundo Thomas Bulfinch[3], todos os deuses prepararam uma virtude e colocaram em uma caixa de presente para ela. Apenas uma condição: só poderia abrir depois do casamento. Entretanto, Pandora, com muita curiosidade, abriu a caixa antes do tempo. Todas as virtudes foram embora, menos uma, a esperança. Isto quer dizer que você, Carla, receberia uma caixa com a Esperança dentro. É a única coisa que não podemos perder. Em criatividade precisamos ter sempre esperança. Ela nos faz perseverar muito. Quanto mais insistirmos, mais chances teremos de resolver nossas questões, realizar nossos sonhos, desenvolver novidades para o mundo. Assim, no evento, se você recebesse a caixa de Pandora, seria um sinal de que, embora

---

[3] Bulfinch in *O livro de ouro da mitologia – História de deuses e heróis.*

a questão não tivesse solução naquele momento, poderia ser resolvida mais tarde.

Este mito é muito interessante. Há mais coisas a serem exploradas, não há?

Sim. Há sim. No entanto não está agora dentro do nosso campo. Falta alguma coisa? Já terminamos?

Não! De forma alguma. Ainda não falamos da pessoa que conduziu tudo isto. O facilitador, ou seja você.

Você identificou o trabalho do Facilitador? Como viu a atuação dele?

Fiquei surpresa porque quase não vi a sua atuação. Acabei por entender que a facilitação é isto. É preparar tudo e conduzir de forma a não ser notado dentro do ambiente onde tudo acontece. Primeiro você trabalhou para eu entender tudo que estava passando. Na realidade eu mais falei do que você. Depois, quando estávamos no oráculo, com poucos sinais conseguiu mostrar como eu deveria seguir em frente. Estava quase invisível. Foi melhor assim. Se você tivesse interferido mais, não sei se teria sido tão bom.

Você está plenamente correta. O facilitador é tal qual um árbitro de uma partida de futebol. Quanto menos for percebido pelos participantes melhor estará sendo conduzido o jogo. O facilitador deve cuidar de toda a arquitetura na qual será desenvolvido o trabalho. Deve ser flexível o suficiente para mudar quando for necessário. E seu foco é o processo e não o conteúdo. Este pertence aos participantes, especialmente ao cliente. De vez em quando deve testar a convicção do cliente, e se estiver bem, segue em frente. Assim, o trabalho do facilitador começa algum tempo antes do evento e corre por este.

Obrigado, Especialista. Muito obrigado por estas informações todas. Mas podemos fazer um resumo de tudo que fizemos, e ver o que teremos pela frente?

Pois não, pode começar.

Antes de Carla falar, você poderia descrever as etapas que foram cumpridas desde o início da sua conversa com o Especialista?

Comecei com um DESEJO, ou OBJETIVO. Depois levantamos muitos DADOS a respeito dele e definimos o principal PROBLEMA. Depois fui para um Oráculo onde um grupo de GERAÇÃO DE IDÉIAS – composto de sacerdotes e sacerdotisas – desenvolveu várias sugestões para mim. Durante este período eles tiveram bloqueios com a chegada das Sereias, repelidas por Minerva. Tiveram a oportunidade de ver o problema sob outros ângulos, promovida por Circe. Terminada a fase de geração de idéias entramos na escolha da melhor, ocasião em que pedi ao Rei Midas e a Minerva para me ajudar a fazer a SELEÇÃO da melhor idéia. Assim o fizeram e eu tive a oportunidade de ficar com uma excelente idéia. Entretanto, chegou um invejoso, Dédalo, e tentou destruir a minha idéia. Neste momento chamei Hércules. Ele expulsou Dédalo e, em seguida, me fez um conjunto de perguntas. Elas permitiram-me pensar em como devo preparar estratégias para a ACEITAÇÃO da idéia vitoriosa. Foi isto que aconteceu.

Muito bem!, realmente foram estas seis etapas:
- Desejo, Objetivo, Sonho;
- Levantamento de Dados;
- Clarificação do Problema;
- Geração de Idéias;

- Busca da melhor Solução; e
- Preparação para Aceitação.

Este método de seis etapas é conhecido como Osborn/Parnes, porque foram eles, Alex Osborn e Sidney Parnes, que o desenvolveram. Também conhecido como *CPS – Creative Problem Solving*.

Especialista, obrigado por tudo até aqui. Gostaria de marcar uma nova reunião com você lá no meu trabalho com minha equipe. Tenho algumas questões sobre Criatividade e Inovação e gostaria de entendê-las melhor, e creio que meu pessoal também. Seria muito útil encontrar com você mais uma vez. Quando podemos acertar?

Carla, primeiro você deve envolver-se na solução do seu projeto e depois podemos fazer esta reunião. Talvez na próxima semana, poderíamos ter duas horas onde conversaríamos de modo até mais informal para dirimir todas estas dúvidas. Pode ser?

Combinado. Nos veremos na próxima sexta-feira, às 10 horas da manhã. Marcado?

Vale! Esta reunião deverá ser mais uma conversa do que uma palestra. Desta forma os participantes vão se sentir parte do processo de aprendizado. Por certo irão se preparar para ela, inclusive lendo matérias a este respeito.

Agora com você diretamente. Gostei muito deste trabalho. Ele realmente conduz a resultados tanto para a pessoa como para a organização. Estou muito certa de que encontramos a melhor solução. Ela vai ser muito bem implementada. Muito obrigado.

Obrigado também, Carla. Isto é MITOdoLOGIA®, onde os mitos nos ajudam a encontrar resultados criativos para nós e para as organizações.

EXERCITANDO

Você viu até aqui como foi a solução para Carla e quais foram as etapas que ela passou para chegar ao resultado final. Que tal agora fazermos um exercício com uma situação de seu interesse? Isto mesmo! Alguma coisa que queira desenvolver, ou um desejo que queira atender, ou um sonho. Você vai encontrar a seguir um roteiro. O mesmo pelo qual passou Carla. E servirá muito bem para sua aplicação. Ele foi preparado para isto. Você vai seguindo passo a passo. Sem nenhuma preocupação. Se tiver vontade de pará-lo no caminho, não há problema. Depois volta-se a ele. Está aqui para ajudá-lo. E com certeza terá a chance de conhecer melhor o método e utilizá-lo em suas atividades. Vamos lá.

Primeiro você vai identificar o seu objetivo, ou seu sonho, ou seu desejo. As questões a seguir vão colaborar para chegar a uma conclusão.

- Quais são as coisas que está fazendo e que gostaria de fazer melhor?
- Quais são os seus desafios?
- O que deseja?
- Quais são as suas metas?
- O que deveria ser feito melhor?
- Qual é o seu maior sonho?

Você já escreveu algumas possibilidades, vamos organizá-las mais um pouco. Utilizando-se dos inícios de frases abaixo, escreva as opções que mais lhe atraíram acima. Use estes inícios de frases como estímulos para sua expressão:

- Seria muito bom se ....
- Seria ótimo se ....
- Eu desejo ....
- Eu quero ....

Escolha a opção mais interessante. Aquela pela qual está mais disposto a trabalhar. Construa a expressão de forma bem clara. Veja se ela tem o sentido de PERTENÇA, ou seja, se é uma situação que está no seu âmbito de solução. Veja se é MOTIVADORA, se ela impele você para a busca de resultados. Escreva a seguir:

Com foco neste seu sonho, desejo ou objetivo, levante o maior número de dados a respeito dele. Use estas questões abaixo para ajudar a levantar estes dados. Mas não se limite somente a elas. Vamos lá!

- Qual é a breve história desta situação?
- Quem está envolvido?
- Quem toma a decisão?
- Como você está envolvido?
- O que pode ajudar você?
- Quais são os obstáculos que tem encontrado?
- Onde você tem encontrado estes obstáculos?
- Esta situação ocorre em momento ou local definidos?
- Há quanto tempo isto tem preocupado ou interessado?
- Quais são os sentimentos que estão envolvidos?
- Como estes sentimentos afetam você?

(Vá além destas perguntas. Procure por mais dados)

Agora releia todos eles e assinale os mais interessantes e intrigantes, e que revelam uma nova abordagem. Procure agrupá-los em conjuntos de mesma natureza ou que tratem de um mesmo assunto.

Qual é o dado ou agrupamento mais importante? Sobre o que ele trata?

....

....

Já temos o que é mais importante, agora é transformar esta informação em uma declaração de problema clara e motivadora para você.

Portanto, olhando o que está escrito acima, quais são os problemas suscitados?

Escreva na forma que motive a procura de solução:

"Como .... ?" ou

"De que forma .... ?"

Exemplos: Como reduzir minhas despesas mensais? De que forma posso melhorar a relação com meus filhos? Como aumentar as vendas?

(Obs.: não escreva a declaração com mais de um verbo de ação.)

[   ]

Novamente assinale o problema mais importante, evidente e instigador. Ao resolvê-lo o seu desejo será conseguido. Escreva-o a seguir:

[   ]

Você tem o problema claramente declarado; procure fazer como os sacerdotes e as sacerdotisas e gere o máximo de idéias possível para resolvê-lo.

Faça como no *brainstorm*, escreva tudo que vier à sua mente. Não censure, nem regule, nem deixe de escrever alguma coisa. Procure usar as regras abaixo:

- Não censure qualquer idéia que vier;
- Aceite todas as idéias;
- Tome carona em outra idéia;
- Procure pelo diferente;
- Combine idéias;

- Quantidade gera qualidade;
- Corra riscos.

Se não estiverem ocorrendo muitas idéias (fluidez), procure inverter o problema e veja que respostas estão saindo. Se estiverem boas, continue. Caso contrário, dê uma parada e depois volte à questão. Não se preocupe. Vai chegar até o fim muito bem, e com o seu problema resolvido.

Como no Oráculo, mude a sua forma de ver o problema e veja que outras idéias teria.

Como resolveria este problema se fosse um gato, um cachorro, um elefante, um passarinho? Se estivesse em um jardim, como as flores poderiam resolver este problema? O que as árvores sugerem para você?

Procure novas formas de pensar. Pense o impensável e escreva:

Você está satisfeito com a quantidade de idéias (fluidez)? E com a sua capacidade de gerar idéias diferentes (flexibilidade)? Se não estiver, espere um pouco. Volte ao assunto mais tarde. Dê um tempo para incubar novas idéias. Se está satisfeito, tal qual o Rei Midas, procure assinalar aquelas idéias mais originais e que irão realmente solucionar o problema. Verifique quais atendem melhor a sua questão. Agora procure combiná-las e veja se novas idéias podem ser produzidas. Escolha as 4, 5 ou 6 melhores e anote-as abaixo:

De posse das melhores idéias, você agora vai compará-las de acordo com o critério abaixo. Para cada idéia você vai fazer o roteiro a seguir.

IDÉIA 1:

Quais são as vantagens desta idéia que estão acima das outras, e a tornam muito especial? O que ela tem de bom agora?

Quais são as vantagens potenciais e futuros ganhos que resultarão com a implementação desta idéia?

> *Quais são as preocupações ou desvantagens a respeito desta idéia?*

Faça o mesmo com todas as idéias.

Feito isto, procure compará-las. Qual é a que você acredita ter as melhores possibilidades? Você está convicto disto? Se não está procure avaliar um pouco mais. Se está, muito bem. Vamos em frente.

Agora que já definiu qual é a sua melhor idéia você vai preparar um plano de aceitação para ela. Lembra-se de Hércules? Pois é, agora você vai se preparar para convencer as pessoas de que sua idéia é boa, e defendê-la dos interessados em destruir ou resistir.

> *Escreva aqui sua IDÉIA:*

> *Informe os PONTOS FORTES desta idéia:*

> *Informe as oportunidades, ganhos futuros e suas possibilidades:*

Quais são os PONTOS FRACOS desta idéia? Quais as preocupações que ela traz consigo?

Como superar cada um destes pontos fracos e destas preocupações? Faça um brainstorm para cada uma e veja como avançar.

Quem são as pessoas que podem APOIAR esta idéia? O que faz elas acreditarem firmemente em sua força?

Como você pode conseguir a colaboração das pessoas que estão dispostas a apoiar?

Quais são as BARREIRAS que você poderá enfrentar(pessoas ou condições que podem criar dificuldades ou impedir)? Por quê?

Como você pode neutralizar ou reduzir estas BARREIRAS?

> *Verifique quais são as condições favoráveis à implantação desta idéia (local, período, preços, custos etc.)*

> *E quais são as condições que dificultam a implantação desta idéia (local, período, custos etc.)*

> *Como superar estas dificuldades?*

Você tem agora todas as possibilidades de implementar sua idéia. Siga em frente. Sucesso! Mas, caso não tenha gostado do resultado, lembre-se da Caixa de Pandora. É importante ter esperança. Reveja todo o processo. Com certeza poderá melhorá-lo. Ao final deste livro iremos repetir esta experiência e você poderá verificar seus progressos.

Parte II

Na Semana Seguinte, a Conversa

Espera, olhe a chuva descendo o morro. Eh água do céu para cheirar gostoso, cheiro de novidade!

Do vaqueiro Raymundão, in Sagarana
Guimarães Rosa

O ambiente de trabalho de Carla é moderno. Na realidade, a arquitetura e a decoração são do estilo pós-moderno. Sala clara com paredes inteiras de vidro. Mesas e cadeiras combinando com o local. Há pouca coisa em cima da mesa e do armário. O computador é portátil. Tudo isto dá uma sensação de amplitude e leveza à sua sala. É uma empresa de engenharia que atua em diversas áreas de atividades. No caso dela é um projeto ligado a telecomunicações.

O Especialista chega e encontra Carla muito receptiva, demonstrando muito bem a sua alegria.

Como está?

Agora está bem melhor. Conseguimos resolver questões importantes que dificultavam o andamento do projeto e estamos mais aliviados e com muita vontade de deixar os atrasos para trás. Já estamos fazendo isto. A atmosfera mudou muito. O cliente também está com mais confiança. Realizamos uma reunião muito boa. Encontramos o caminho que vai nos levar a bons resultados. Por isto a pressão dos diretores está mais dirigida para os aspectos positivos do trabalho. Este projeto é muito importante para a empresa porque é o primeiro que se faz neste país. Se tudo der certo, vamos criar um conhecimento válido para outros mais. De qualquer forma neste momento estamos bem. Vamos ao salão para nossa reunião. Não preparamos nada formal, com programação. Você conduz da forma como achar melhor. Vamos lá.

Quantas pessoas vamos encontrar?

Em torno de umas trinta. Algumas não puderam vir porque já haviam agendado reuniões com profissionais do cliente. A maioria é de homens. Você sabe, no mundo da engenharia nós, mulheres, ainda somos minoria.

O que não impede ter uma mulher como a chefe do projeto, não é mesmo?

Tem razão. Há espaços aqui para a mulher firmar-se profissionalmente.

Pelos corredores, as paredes de vidro facilitavam a visão das pessoas trabalhando. Tudo aparentemente organizado e muita concentração no que estavam fazendo.

Ao entrarem no salão lá estava todo o grupo esperando. Tomavam café. Logo viram quem entrava. Cumprimentaram-se e sentaram todos. Carla apresentou o Especialista para quem não havia participado da etapa anterior, e deu algumas informações a ele sobre o escopo do trabalho e as profissões encontradas naquele grupo, e como se organizavam. Disse mais. Estavam ansiosos por esta conversa e haviam se preparado para ela. Procuraram informações; leram livros; tomaram notas. Seria uma ótima oportunidade para o aprendizado de todos.

O Especialista cumprimentou a todos. Já conhecia boa parte do grupo e pediu para sentarem em um semicírculo por ordem de dia e mês de nascimento.

Alguém perguntou: Por que isto?

Somente para fazermos uma transição entre dois momentos: o que estavam fazendo antes e o que vamos fazer aqui. Ademais serve para quebrar um pouco os agrupamentos normalmente feitos quando estamos em atividades como esta, ou em reuniões sociais. Declarou o Especialista.

Bom, continuou, nós não temos uma agenda ou um programa. Mas vamos ter um tempo bastante proveitoso. Gostaria de saber quais são as expectativas de vocês com esta reunião.

- Entender melhor o que é Criatividade e Inovação.
- Por que falham muitos programas de implementação de criatividade nas organizações?

- O que as empresas estão fazendo para usar a criatividade em seus negócios.
- Como podemos potencializar melhor a capacidade criativa de nosso grupo?

Alguém mais teria uma expectativa diferente destas?

- Qual é a influência das técnicas e dos processos na geração de idéias?, mais uma pessoa perguntou.

Ótimo. Isto é suficiente para o tempo que vamos estar aqui juntos, declarou o Especialista. Vamos começar nos entendendo pelo básico. Gostaria de saber o que é Criatividade para vocês. Alguém pode começar a dizer?

Antes que comecem a falar, informe abaixo o que é Criatividade para você.

- Bom, Criatividade tem a ver com idéias novas. Disse Luís.
- Ela é produto de nossa imaginação. Quanto mais imaginativos formos, mais criativos seremos. Completou Ângela.
- Eu posso produzir idéias em campos diferentes do que trabalho. Falou Bruno.
- O resultado é uma idéia completamente nova e útil. Disse Carlos.
- Mas, não tem que ser útil de imediato, porque muitas coisas são descobertas em um momento, mas somente muitos anos depois são utilizadas ou compreendidas. Completou Marisa.

O que disseram é tudo certo. A criatividade tem encontrado várias definições. Dezenas. Mas o seu compromisso é com a produção de idéias originais. Novas. Jamais experimentadas antes.

Assim, para efeito de nossa conversa aqui hoje, a criatividade é um processo mental de desenvolvimento de idéias originais.

É um processo aberto, vocês já comentaram, pois qualquer pessoa pode dar idéias para qualquer campo da atividade humana. Não há restrições ou limites. Você gostaria de falar?, apontou o Especialista para César.

Sim, eu li alguma coisa sobre a 3M[4], um modelo na área de criatividade. Ela tem equipes para coletar sugestões junto aos seus clientes. E depois trazem este material para a área de Pesquisa e Desenvolvimento onde trabalham para desenvolver novos produtos.

César, acho que você leu mais neste artigo. Poderia nos contar.

Há uma pesquisa concluindo que 70% dos produtos desenvolvidos na área química são feitos a partir de idéias dos clientes das empresas e não das próprias. E 30% na área de informática também.

Ótimo. Obrigado. Carla e eu comentamos isto no dia do oráculo. Como vemos, quanto mais gente colocamos em nossa espiral de idéias mais possibilidades teremos de obter produtos inovadores. É como na lenda da sopa de pedra do folclore eslavo. O importante é saber como fazer o gerenciamento deste conhecimento.

Poderia nos contar a lenda eslava?, pediu Carla.

Pois não. Conta-se que em um pequeno vilarejo certa vez chegou à noite uma caravana de pessoas. Pobres. Fizeram um acampamento na entrada do lugar e começaram a se organi-

---

[4] *Hippel, Thonke e Sonnack in Harvard Business Review – Setembro-Outubro 1999.*

zar. Eram muito festivos e alegres. As crianças brincavam. Os adultos cantavam e dançavam. Isto chamou a atenção das pessoas que moravam no local. Elas foram até lá para ver o que acontecia. E ficaram observando. Em dado momento puseram uma grande panela no fogo e botaram água para esquentar. Como não tinham comida, colocaram algumas pedras dentro da panela. Mas fizeram tudo isto sem parar de cantar, de dançar e se divertir. Era uma alegria contagiante. E a sopa de pedras foi esquentando. Os moradores olhando aquilo, e sentindo o grande prazer de estar ali com eles, foram às suas casas buscar alguma coisa. E assim foi. Chegava um e colocava um chouriço. Outro, um pedaço de carne. Outro, um legume. Outro, mais aquilo. E a sopa de pedra foi ficando uma deliciosa sopa de muitas contribuições. Todos ficaram muito felizes e alimentados. É esta a lenda. O que aprendemos com ela?

Em termos de criatividade, ao aumentarmos o número de pessoas geradoras de idéias poderemos ter um resultado fantástico. Inesperado e ao mesmo tempo rico, disse Luíza.

As melhores coisas vieram das pessoas que estavam fora do grupo. Por isto pode-se ter excelentes contribuições quando agregamos novas pessoas ao processo criativo, falou José Antonio.

Mas houve um grande incentivo por parte de quem havia chegado. Eles estimularam, com sua alegria e jeito de ser, as contribuições das pessoas do vilarejo. Assim, se também fizermos isto com outros grupos, poderemos obter muitas sugestões de qualidade, falou Cristina.

Ótimo. Estamos bem entendidos quanto esta questão das contribuições externas. E você, Marcos, gostaria de falar alguma coisa?

A Nokia[5] trabalha com um sistema diferente de obtenção de idéias, mas também aberto onde diversos grupos podem contribuir.

---
[5] *Jonash e Sommerlatte in O Valor da Inovação.*

Pode nos explicar como é feito isto?

Trabalham com uma plataforma para onde vão as sugestões que recebem. As idéias podem ser dadas por qualquer grupo: fornecedores, empregados, clientes, acionistas etc. As idéias ficam armazenadas e à disposição de quem quiser consultar. Qualquer pessoa pode tomar uma daquelas idéias e fazer um projeto e submeter à empresa. Se for bom, segue em frente.

Isto mesmo. Existem empresas fazendo assim. E há muita gente interessada nisto. Por exemplo, o lugar onde tem a maior renda *per capita* do mundo é o Vale do Silício na Califórnia, Estados Unidos. Para lá vão pessoas com muitas idéias interessantes. Também vão os detentores do Capital de Risco, ou *Venture Capital*, como lá chamam, dispostos a arriscar em idéias muito boas. Estes contratam talentos, na realidade empreendedores, para desenvolverem estas idéias e transformá-las em empresas de sucesso. Aliás, Gary Hamel relata uma entrevista que fez com um dos investidores nos projetos. É interessante porque este aplicador diz que coloca de lado todos os relatórios técnicos, financeiros e de marketing feitos por aqueles que estão procurando dinheiro. Ele se fixa na postura e na atitude de quem está envolvido. Quando ele sente que a pessoa ou as pessoas envolvidas naquele projeto realmente têm garra, é um sonho que desejam mesmo realizar, então ele coloca o dinheiro dele. César Souza[6] destaca em seu livro a importância do sonho e a busca da realização do mesmo. Quando há determinação para realizá-lo, por certo vão aparecer pessoas para ajudar a concretização do sonho.

A criatividade pode e deve ser estimulada para que grandes contingentes de pessoas possam participar da solução. Aqui neste departamento vocês podem fazer isto tranqüilamente. Toda vez que ocorrer alguma coisa a ser resolvida, vocês poderão pedir ajuda a profissionais de outras áreas. As soluções serão muito melhores. Existem também empresas especializadas em vender idéias.

---

[6] *Souza in Você é do tamanho de seus sonhos.*

Epa! podemos comprar idéias?, indagou Leda.

Sim. Há empresas que podem ser contratadas para entregar uma quantidade de idéias e dentro de determinados níveis. Por exemplo: idéias para resolver um problema de trabalho mais comum; ou para resolver um problema mais complexo; ou para desenvolver um produto; ou mesmo para atuar em um âmbito científico.

Estas empresas têm ligadas a elas milhares de pessoas, selecionadas por critérios próprios, ganhando por idéias dadas de acordo com o projeto em que se envolvem. Não são empregados, são convidados. Quando aparece o trabalho elas dão idéias, recebem por isto, e pronto.

As idéias vão para uma plataforma dirigida e, depois de avaliadas, são entregues a um determinado cliente. Eu mesmo faço parte de um grupo de pessoas ligado a uma empresa com sede nos Estados Unidos.

Vamos ter algumas mudanças interessantes, acrescentou Cláudia, que está anotando toda a conversa. As idéias estão se tornando cada vez mais um produto de valor. Não nos esqueçamos disto. Por certo, em pouco tempo vamos mudar as relações de trabalho. Pois os empregados também vão poder receber mais por idéias dadas. Isto é inevitável. Em alguns lugares já existem programas de premiação, mas ainda vamos ver isto em legislação das relações de trabalho. Mas você antes falou do gerenciamento do conhecimento. Poderia explicar mais?

Hoje é uma questão delicada para as empresas. Primeiro devem saber qual é o conhecimento fundamental para os seus negócios. Segundo, como produzir o novo conhecimento. Terceiro, elas terão que decidir onde este conhecimento estará disponível, se dentro ou fora da empresa, ou numa situação mista.

Pode ser fora?, perguntou Carla.

Sim. Empresas que trabalham com muita tecnologia, por exemplo, não precisam ter todo o conhecimento dentro delas.

Podem contratar centros especializados para isso. Por outro lado, o mais importante disso tudo é o desenvolvimento do novo conhecimento, que depende da criatividade. É muito difícil para a empresa hoje fazer isto tudo sozinha. Por esta razão disse que é uma questão delicada.

Bom, agora que a Criatividade está clara para nós, vamos conversar um pouco sobre a Inovação. O que é ela para vocês?

Antes das respostas deles, escreva abaixo como você entende a Inovação:

Ao contrário da Criatividade, Inovação é um sistema fechado. Nem todos podem contribuir. Falou Ângela.

Depende mais do conhecimento disponível. Disse Antonio.

É complementar à Criatividade. Walter completou.

Creio que quando estamos inovando estamos mais preocupados com a utilidade do resultado. Disse Leda.

Muito bem. A inovação depende das idéias. A partir delas é que agregamos conhecimento e transformamos a idéia em um serviço, um produto, uma relação, uma forma, ou aquilo que queremos. A criatividade e a inovação andam juntas, e quando não estão assim não teremos novidades. Você, Guilherme, quer dizer alguma coisa?

Está muito claro que as duas devem estar juntas, mas podemos ter combinações. Por exemplo: uma empresa pode ser criativa e adquirir o conhecimento para as suas idéias fora dela; outra pode buscar idéias junto aos seus clientes, conforme já falamos naquele exemplo da 3M ou das empresas que as vendem. Mas tem o conhecimento suficiente para desenvolvê-las. Outra empresa pode adquirir fora tanto as idéias como o conhecimento, em um processo de gerenciamento de inovações. Acho este um pouco mais difícil porque necessita de muita competência gerencial, mas é possível. Não estou falando de empresas que compram as patentes e simplesmente repetem. Estou falando de um processo combinado no qual criadores e inovadores são contratados. A empresa fica com a capacidade de empreender, detendo o gerenciamento do trabalho. Alguma coisa como comprar o projeto arquitetônico, depois contratar outra empresa para construir, mas gerenciando os resultados.

Ótimo! Você, Guilherme, completou muito bem o que falamos anteriormente. Há uma figura às vezes esquecida neste processo: a do empreendedor. No caso aqui não é o empreendedor que simplesmente cria uma empresa. Mas, aquele capaz de perceber uma oportunidade e colocar tanto os criadores como os inovadores para produzir. Ou mesmo criar oportunidades para a colocação de um produto. Temos um exemplo clássico de uma pessoa que foi tudo isto – criador, inovador e empreendedor. Trata-se de Thomas Edison. Ele não foi somente um criador. Gerenciou um laboratório com vários pesquisadores e inovadores, e, finalmente, criou uma das maiores empresas do mundo, a GE. Mas nem sempre isto ocorre. Então, as organizações devem estimular e potencializar os três. Um país deve fazer assim.

O nosso país, por exemplo, está muito atrás dos desenvolvidos e também estamos ficando atrás de outros países emergentes. Não temos um alinhamento de objetivos. A ciência produz o que lhe interessa; por sua vez a turma da tecnologia também faz assim, e as empresas compram pronto no exterior. Não conseguimos estabelecer um processo no qual um pode alavancar o outro, criando mais riqueza. Parecem grupos que falam idiomas diferentes. Isto é terrível porque a cada dia que passa ficamos mais longe dos países desenvolvidos. Se isto permanecer assim, um dia não estaremos desenvolvendo quase nada. Ou o que estivermos fazendo será insignificante. Mas vamos voltar ao nosso trabalho.

Existe uma maneira muito simples e direta que a 3M usa para falar da diferença e complementaridade entre Criatividade e Inovação: "Criar é *pensar* algo novo. Inovar é *fazer* algo novo". Creio que é simples, curto e direto. É *pensar* e *fazer*.

Será que temos uma forma de sumarizar isto?, pediu Fabiana.

Cláudia, você quer fazer este resumo?

Eu poderia resumir isto da seguinte forma: existem três forças no processo de desenvolvimento da organização criadora: primeiro é a Criatividade, que trabalha com as idéias; segundo, a Inovação que introduz o conhecimento nas idéias e nos faz chegar aos produtos, serviços, formas etc.; e, terceiro, o Empreendedorismo como capacidade de antever, criar, ou de aproveitar oportunidades do mercado. Está bem assim? Está mais claro, Fabiana?

Agradecida, Cláudia.

Seu resumo foi muito apropriado. Também agradeço muito. Uma coisa é certa, vejam bem. Estamos aqui conversando e vocês estão com quase todas as informações ou respostas. Ou seja, vocês estão demonstrando ter o conhecimento sobre a criatividade e a inovação. Tenho visto a mesma coisa na maior parte das organizações onde tenho participado de trabalhos. As pessoas sabem quase tudo a respeito da Criatividade e da Inovação, apenas não estão usando, ou não estão sendo estimuladas a usar. Precisamos ir em frente na nossa palestra para entendermos melhor, porque as empresas na maioria das vezes falham na questão do uso da criatividade e na produção de inovações para o mercado.

Do seu ponto de vista, por que as empresas falham na implantação de um programa de criatividade? Ou por que elas deixam de usar a criatividade?

AS QUATRO DIMENSÕES DA CRIATIVIDADE

Por que as empresas falham na implantação de programas de criatividade e inovação? O que pensam vocês a respeito?

Não tenho muita certeza, comentou Paulo Roberto, mas trabalhei em uma empresa grande e de tecnologia sofisticada. Em 1986 decidiu fazer um programa de criatividade com os seus empregados. Enviou muita gente para cursos. Trouxe profissionais para falar e treinar sobre o assunto. Ao final de mais de um ano, com muita gente preparada, não havia nada de novo. Sinceramente, não sei por que não deu certo.

Conheço esta experiência, Paulo Roberto. Obrigado por recordá-la. Foi um dos programas pioneiros em nosso país. Não deu certo e este caso me ajudou muito, porque fui estudar por que isto acontece. Alguém tem alguma idéia do por que não funcionou?

Bem, disse Walter, antes de vir para esta reunião eu li, na sua página da Internet um trabalho a respeito. Entendi que a criatividade tem quatro dimensões: Pessoa, Ambiente, Processo e Produto. Se não há uma harmonia entre elas e a implantação não considera estas quatro dimensões ao mesmo tempo e de forma equilibrada, por certo não será bem-sucedida. Lembro-me ter dito que as empresas enviam seus empregados para treinamentos de criatividade. Desenvolvem apenas as dimensões Pessoa e Processo e esquecem o resto. Os empregados voltam e acabam frustrados porque o Ambiente não está preparado para mudanças, muito menos para pensar de forma surpreendente, e não tem nenhum compromisso com a realização do Produto. Isto quando fazem algum curso realmente proveitoso, porque na maioria das vezes os cursos de criatividade não passam de oficinas para produzir bem-estar nas pessoas.

Walter, você tocou em bons pontos sobre os quais poderemos debater aqui. Existe uma tendência em nosso país de os eventos em criatividade usarem vivências, dinâmicas, brincadeiras, música, diversão. Eles no fundo produzem bem-estar. Não trazem resultados. Os americanos detectaram isto no início dos anos 60, e mudaram completamente os seus programas. Eles verificaram o seguinte: as pessoas iam para os programas de criatividade e não aprendiam nada de como lidar com ela. Mudaram. Deram certo, visto o que fazem hoje. Na tentativa de demonstrar a criatividade das pessoas e que elas podem trabalhar criativamente, muita gente passou a apelar para desenvolver o bem-estar das pessoas. No fundo estão oferecendo programas de auto-ajuda. Esqueceram-se de uma coisa muito importante: o que causa satisfação é o resultado, ou seja, ficamos felizes quando chegamos à idéia criativa. No entanto, até chegar na idéia vencedora temos muito trabalho, muita persistência, e um monte de senões contra. Muita frustração. Temos que passar por tudo isto. Temos os bloqueios. Temos as idéias boas mas não factíveis. Temos as pessoas que serão contra nossas idéias. A história está cheia de exemplos que levaram anos para vingar um bom resultado. O processo criativo é num certo sentido cheio de dores até chegar à satisfação. Muitas vezes o produto final leva anos para ser encontrado.

Então um ambiente deve ser tenso para chegar aos resultados?, perguntou Alberto.

Não é bem assim. Mas muitas vezes vamos ficar tensos porque não estamos chegando aos resultados esperados. Um ambiente de muita tensão não produz criatividade. No entanto, o contrário, um ambiente sem tensão alguma, não garante absolutamente nada. Não há criatividade alguma. Já comentei isto anteriormente.

Devemos no entanto entender claramente o que é tensão. Ela pode ser bem gerenciada e as pessoas podem aprender a trabalhar com ela. Vou dar um exemplo: um hospital que atende emergências. Acidentes de trânsito, choques, situações imprevistas. Para quem está de fora do ambiente parece um lugar completamente louco. Um caos. No entanto, os profissionais que trabalham neste ambiente sabem muito bem como administrá-lo. Com isto não sofrem da tensão que sofremos em relação àquela situação. Sofrem cansaço, mal-estar ou outras coisas inerentes ao desgaste físico de horas de atendimento. Mas, voltando às nossas quatro dimensões, vamos falar das características das pessoas criativas.

Quais são, para você, as características de uma pessoa criativa?

A Dimensão Pessoa

Quais são as características de uma pessoa criativa?

A pessoa deve desejar ser criativa, porque se ela não tem esta vontade como seria criativa?, disse Walter.

Mas não basta somente desejar. Se ela não persistir como fez Thomas Edison, não vai conseguir nada. Afinal, os primeiros resultados do processo não são muito animadores. Falou Carla.

Deve ser flexível gerando idéias diferentes; fluente, gerando muitas idéias; deve procurar por originalidade; deve olhar a questão por outros ângulos. Disse Paulo Roberto.

Devemos procurar por locais que nos ajudem a pensar. Por exemplo: ver qual é o lugar onde nos sentimos melhor para criar um oráculo. Comentou Felipe.

Li em algum lugar sobre a importância de se ter espaços físicos para a criação. Existem empresas fazendo isto. Elas têm locais para onde seu pessoal pode ir para pensar de forma diferente e procurar soluções. São locais preparados para isto. Completou Pedro.

Há empresas que estabelecem horários para os seus empregados pensarem como fazer melhor o que estão fazendo, ou para resolver problemas de forma criativa. Neste horário os grupos trabalham somente com a geração de idéias para o seu trabalho. Falou Ana Paula.

Para mim a pessoa criativa deve usar muito a imaginação. Não estou falando de delírio, mas de pensar o impensável. De ir muito além do que jamais fomos. Disse Clarice.

Devemos entender claramente o problema em que estamos envolvidos. Muitas vezes tentamos resolver alguma coisa, ou desenvolver outra sem uma noção clara do que queremos. Falou Henrique.

É fundamental conhecer bem o problema. No caso de vocês, devem lembrar-se de que antes de Carla ir buscar as soluções no oráculo foram realizadas duas reuniões para o entendimento do problema a ser resolvido. O tempo dedicado ao entendimento do problema foi muito maior do que o da geração de idéias.

A pessoa que deseja ser criativa deve aplicar-se bastante. Da mesma forma que nos envolvemos em um programa de dieta ou de melhoria de saúde devemos, com paciência e disciplina, dedicar-nos à geração de idéias. Ela deve dar ao cérebro muitas informações e permitir que ele faça muitas combinações. Isto vai atuar diretamente na sua fluidez, ou seja, na quantidade de idéias, na sua flexibilidade, isto é, na quantidade de idéias de categorias diferentes, e na originalidade, que é a quantidade de idéias realmente novas. Somente a persistência ajuda isto. Porque, como já foi dito, os primeiros resultados não são animadores.

Só para completar, Dean Simonton[7], que é um grande pesquisador na área científica da criatividade, diz: "o que caracteriza uma pessoa criativa é o conjunto ou a quantidade de seus produtos criativos". O que é uma visão bem diferente.

A Dimensão Ambiente

Passando a frente, vamos conversar sobre a influência do ambiente na criatividade. Como vocês vêem um ambiente que estimula ou dificulta o uso da criatividade?

Antes de eles responderem, anote abaixo quais são suas observações a este respeito.

Deve motivar nossa curiosidade à busca pelo diferente e, melhor, a fazer expedições em outros campos. Disse Maria Vitória.

A empresa deve ter como princípio arriscar, usar novas estratégias de competição, ou de inserção no mercado. Falou Paulo Roberto.

O local de trabalho deve promover uma competição positiva entre os empregados e não um clima de um querendo derrubar o outro. Completou Ângela.

---
[7] *Simonton in A origem do gênio.*

Deve ser dinâmico e com muitos desafios. Disse Pedro.

O projeto em que estamos trabalhando deve ser muito importante para a organização. Isto motiva muito. Falou Carlos.

Gostaria de ler para vocês um comentário do Jerry Hishberg[8], fundador e presidente da Nissan Design International. Ele comenta várias coisas interessantes. Disse Carlos Alberto.

Vamos em frente, Carlos Alberto. Diga-nos o que leu.

Ele disse: "a Criatividade é o principal papel dos negócios. Quando a Criatividade é priorizada como um princípio central da organização nos negócios, não somente as inovações são incrementadas, mas, também, a produtividade, a eficiência, a qualidade, o espírito de equipe e as vendas". É fantástico isto, não é mesmo?

De fato. E podemos extrapolar para qualquer tipo de organização, até mesmo a pessoa quando está sozinha em sua casa, em seu estúdio, em seu local preferido de trabalhar. Ela sente-se motivada quando o que está trabalhando é muito importante para o ambiente onde está inserida. Completou o Especialista.

Vamos tocar agora alguns pontos mencionados por vocês. Por exemplo, a cultura da empresa. Cultura aqui entendida como pensam as pessoas detentoras da direção da organização. São elas que estabelecem um conjunto de princípios e valores a serem seguidos por todos. Se estas pessoas não são abertas, não estão interessadas em arriscar, ou promover a criatividade, vamos ter muitas dificuldades de implementá-la. Ocorrerão pequenas ilhas de inovações, mas nada que influa significativamente nos resultados finais da empresa. Tenho visto muitas empresas colocarem na recepção de sua sede o seu conjunto de crenças ou princípios e valores. Neles fazem referência à necessidade e importância da criatividade e inovação na empresa. Na maioria das vezes não passam de simples discurso. Quando conversamos com os empregados, per-

---
[8] *Hishberg in The creative priority – Putting innovation to work in your business.*

cebemos o tamanho da frustração. É fundamental nestas situações criar estratégias de convencimento para que os diretores mudem sua percepção e passem a trabalhar em favor do crescimento. Mas não basta isto. Podemos ter uma cultura suscetível à criatividade, mas os diversos climas da organização não são favoráveis. Os climas ocorrem nas áreas. Da mesma forma que temos climas diferentes geograficamente, também os temos nas organizações. E eles têm que ser estudados para serem mais receptivos à criatividade.

Os gerentes devem desenvolver uma postura favorável, pois é através deles que os empregados da organização desenvolvem a criatividade. Podemos até admitir que existem áreas as quais não deverão exercitar a criatividade durante o exercício de suas atividades. A criatividade deverá ser experimentada em locais apropriados, em forma de simulação.

Não entendi muito. Existem mesmo setores da organização nos quais a criatividade não deve ser estimulada?, perguntou Carla.

Ela deve ser motivada, mas exercida em ambiente diferente daquele em que está sendo produzido o trabalho. Vou dar exemplos. Imagine você chegando ao aeroporto, entregando o seu bilhete e a atendente diz que você vai viajar com os pilotos mais criativos da aviação comercial. O que faria?

Pediria meu bilhete de volta no exato momento. Sem dúvida! Não quero criatividade no vôo. Respondeu Carla.

Neste caso há uma série de procedimentos programados e definidos. Devem ser seguidos. Nas salas de operação de uma usina de geração de energia elétrica – seja qual tipo for – queremos a condução dentro de padrões estritamente definidos. Por certo, os grupos que trabalham neste tipo de atividade necessitam de simuladores para experimentar novos procedimentos. E assim é feito. Depois de feitas as simulações, os novos procedimentos testados exaustivamente passam para a execução do trabalho normal.

É como na pesquisa médica. Primeiro fazem muitos testes com animais. Depois com grupos voluntários. Após a confirmação dos resultados positivos, o produto é colocado à disposição do mercado. Em situações de grandes riscos, devemos tomar muito cuidado e fazer os testes em locais apropriados. Mas isto de forma alguma inibe a criatividade. Basta ver o quanto avançamos nestes campos.

Eu tenho uma dúvida, chamou a atenção José Antônio. Os planos de recompensa das empresas são fundamentais tanto para a nossa remuneração como para o nosso desenvolvimento. Contudo, eles estimulam somente os acertos. Ou seja, o empregado, para ser recompensado, seu trabalho e a equipe onde trabalha devem ter tido sucesso e não insucessos. Os planos dão privilégio a esta conduta. Quem falha não entra. Se quisermos trabalhar com criatividade e inovação, vai ser difícil ver alguém querendo arriscar se o plano não o contempla. Como fica isto?

Ótima questão, José Antônio. Ela deve ser tratada com muito carinho caso a organização tenha vontade de ser criativa. Os esforços para criar e inovar devem ser muito bem analisados e avaliados, e saber por que as falhas ocorrem. Por que não deu certo? Não é simplesmente errar e ficar por isto mesmo. Deve-se verificar a fundo as falhas e aprender com elas. Vamos lembrar o caso do Thomas Edison. Depois de falhar mil vezes, ainda tinha fôlego para dizer que "agora sabemos mil maneiras que não funcionam". Portanto, a criação e a falha andam juntas. Um plano de recompensa em uma organização voltada para a inovação, por certo, terá que contemplar isto. Caso contrário, nenhum profissional estará disposto a criar, pois estará sempre jogando fora a sua oportunidade de crescimento na empresa. É uma questão delicada mas já enfrentada por diversas empresas no mundo.

Lembro-me que li[9] – disse Henrique – que uma nova idéia, uma inovação pode trazer mudanças profundas na vida das

---
[9] *Rollo May in A coragem de criar.*

pessoas, e especialmente dos criativos. Não será por causa disto que existe tanta defesa, tanta resistência para com a questão da criatividade? Ou seja, não estaria também em jogo o poder das pessoas?

Não tenha dúvida. Creio que poderíamos discutir aqui esta questão de poder e culpa pelo ato criador, e outras questões muito interessantes, mas seria necessário um dia inteiro para nos dedicar a isto. Há, também, a questão do divino. A palavra "Namasté" fala da celebração do divino que está em cada um de nós. Podemos dizer que, quando estamos criando, é o momento em que Deus está mais próximo de nós. Um dia conversamos mais sobre isto. Neste momento nossa conversa é mais profana. Vamos em frente com o programa.

A Dimensão Processo

Vamos conversar agora sobre a dimensão processo. Como vocês encaram esta dimensão?

Antes que respondam, escreva abaixo como é o processo pelo qual passa a sua criatividade? Quais são os passos que acontecem quando está criando?

Creio que é a dimensão que trata das técnicas que usamos para potencializar a criatividade. Falou Roberto.

Li que George Wallas estudou o nosso processo mental e chegou à conclusão de que passamos por quatro etapas: Preparação, Incubação, Iluminação e Verificação. Disse Felipe.

Também li que J. P. Guilford estudou e chegou à conclusão de que entre as operações do intelecto temos a produção divergente e convergente. Elas são a base do pensamento criativo e crítico. Comentou Pedro.

Creio que cada pessoa tem uma forma peculiar pela qual surgem as suas idéias. Talvez, se analisarmos o processo, ele seja o mesmo para todos. Adicionou Carla.

Acho fundamental olharmos a questão por outros ângulos, seja um problema a ser resolvido, seja um produto a ser desenvolvido. Disse Maria Vitória.

Estou certa de que a curiosidade é o motor de todo o processo criativo. Falou Ana Paula.

Temos que cuidar dos bloqueios encontrados todo o tempo. Disse Walter.

E não podemos esquecer do *"serendipity"*. Completou Luís.

Serendipity?????? Um eco repercutiu por toda a sala.

Vocês já comentaram o mais importante. Esta dimensão é a que tem mais estudos feitos, pois ela nos ajuda a melhorar nossa produção criativa. Vamos começar pelo fim, afinal ela aguçou a curiosidade de todos. Luís, você pode comentar alguma coisa?

Posso. Diversas descobertas e invenções ocorrem por acaso. Assim, a tradução de *serendipity* poderia ser o acaso proveitoso. Um exemplo é o cientista escocês Alexander Flemming, que descobriu a penicilina sem querer. Acreditam que as precárias condições do laboratório onde estava instalado ajudaram muito esta descoberta. Mas ele estava em uma linha de estudo e, de repente, viu que as bactérias não cresciam junto do mofo que estava acumulando no seu local de pesquisa. Daí veio a descoberta.

Outro exemplo, mais recente e famoso também, é o do Viagra. Os pesquisadores estavam trabalhando em um remédio para angina. Mas os custos estavam muito elevados e resolveram parar com o projeto. De repente, perceberam uma vertente que não haviam percebido antes. Totalmente inesperada.

Obrigado. O conceito de acaso proveitoso é este mesmo. Você está procurando resolver alguma coisa, ou descobrir, ou mesmo não está pensando em nada particular, e, súbito, aparece uma saída ou caminho que nem imaginava antes. Este nome *Serendipity* foi dado em função de um livro escrito por Horace Walpole, em 1754, *"Three Princess of Serendipy"*, no qual uma das princesas era surpreendida por descobertas inesperadas. Como existem muitas descobertas desta forma, o nome coube muito bem. E há uma história ao inverso. Danny Hillis[10] trabalhava em uma equipe no MIT, lá pelos anos 70, fazendo pesquisa sobre inteligência artificial. Eles desenvolveram programas para trocar textos entre eles. E também desenvolveram alguns jogos. No entanto, estavam tão ligados na sua pesquisa que não perceberam terem desenvolvido as bases para as futuras indústrias milionárias do *e-mail* e dos jogos em computadores. Assim, alerta ele: muitas vezes a descoberta não está no foco das atenções da gente e sim naquilo que fazemos perifericamente.

Uau! gostei disto. Vou deixar que o acaso me encontre. Brincou Marcos.

Quanto ao processo criativo, continuou o Especialista, desde que Wallas formulou a teoria das quatro etapas – Preparação, Incubação, Iluminação e Verificação – os métodos que trabalhamos são baseados nelas. Já vimos que a preparação é fundamental no processo. Se não temos uma idéia clara do que estamos querendo, vamos chegar a um resultado que não nos ajuda. Passada esta fase temos a incubação onde ocorrem as diversas combinações do nosso pensamento. J. P. Guilford[11] pesquisou e chegou a cinco operações em nosso intelecto. Mas duas são fundamentais para o processo criativo. Creio que

---

[10] *Hillis in Harvard Business Review – Agosto 2002.*
[11] *Guilford in Source book for creative problem solving.*

Pedro comentou quando abrimos este tema. São o pensamento divergente e o pensamento convergente. Divergente porque estamos interessados em muitas informações, muitas idéias, muitas sugestões, sem nenhum tipo de censura. Quanto mais, melhor. Convergente porque, depois de muitas idéias, buscamos as que melhor resolvem a questão na qual estamos envolvidos. E avaliamos com foco em nosso objetivo até chegarmos à melhor. Em nosso *workshop* com Carla, que já foi comentado por ela com vocês, encontramos os sacerdotes que caracterizam o pensamento divergente, e Midas e Minerva, o pensamento convergente.

E os bloqueios? Como fazer? Indagou César.

Alguém pode ajudar?, perguntou o Especialista.

Gostaria de fazer um comentário, apontou-se Carlos Alberto. Jerry Hishberg diz que, quando alguém lhe fala que "deu um branco", ele propõe: "desenhe o branco". Isto porque, segundo ele, o estado de não ter idéias normalmente precede a concepção de uma idéia. Diz também que é importante encontrar perguntas criativas, e não somente respostas. Ele fala que não devemos cair na tentação de pegar as primeiras respostas, ou idéias, que sempre dão uma sensação de segurança. A gente deve ter tolerância de trabalhar em uma zona cinzenta ou limbo.

Muito bem, Carlos Alberto. Você tocou em vários pontos. Jerry é uma pessoa também que preconiza um método para criar. Em seu livro ele descreve a forma pela qual o pessoal da Nissan Design International trabalha. Vale a pena ler, especialmente, aqueles que são ligados ao *design*. Gosto de sugerir o seguinte: para sair dos bloqueios use o problema que está de forma inversa. Dê respostas evidentemente na forma inversa. Se quer melhorar, procure trabalhar com piorar ou destruir. Verá que as idéias vêm e de forma bem fluida. Depois, basta inverter tudo e teremos os resultados positivos. Isto funciona mesmo.

A incubação é o momento em que o inconsciente trabalha, não é mesmo?, perguntou Cristina.

Quando estamos atrás de uma idéia original e fantástica, tudo que queremos é uma forma de sair do consciente, onde encontramos respostas comuns, para entrar no inconsciente, onde estão as inesperadas. Esta é a função das técnicas do pensamento divergente. Algumas usamos mais intensamente como a tempestade de idéias (*brainstorm*), a tempestade de idéias por escrito (*brainwriting*), mapa mental, *synectics* visual, e outras. Hoje já temos livros que trazem informações sobre mais de 100 técnicas. Você queria completar com alguma coisa, Henrique?

Já falei do Rollo May. Ele diz que devemos deixar o inconsciente trabalhar, e isto ocorre entre o trabalho e o repouso. Ele chama isto de intuição. Dá o exemplo de Albert Einstein que tinha suas melhores idéias quando estava fazendo a barba. Fica mais fácil porque nestes momentos estamos libertos dos controles internos e, então, podemos fantasiar.

Obrigado. Existem pesquisas que demonstram ser muito comum termos idéias no horário em que estamos no banheiro. Talvez porque façamos uma transição e esqueçamos um pouco a rotina do dia-a-dia. A este propósito quero compartilhar com vocês uma pesquisa que fiz recentemente com os participantes de um curso nos Estados Unidos. É um curso sobre ferramentas e técnicas para o processo criativo. Propus a eles um problema genérico para que todos pudessem participar. Fizemos uma tempestade de idéias por escrito – *brainwriting*. Repetimos o exercício três dias consecutivamente. A cada dia os participantes pegavam uma nova folha e durante dez minutos colocavam suas idéias. Cada folha era datada com o seu respectivo dia. No quarto dia devolvi a eles as folhas de três dias e pedi para selecionar as melhores idéias. Havia quatro mesas com seis pessoas cada uma. E o resultado foi que a maioria das melhores idéias ocorreu no último dia. Ou seja, depois de dois dias de incubação. O que aprendemos com isto?

Que não devemos tentar resolver a questão logo em uma sessão. Disse Leda.

Que tudo que falamos anteriormente tem razão de ser. É importante deixar o inconsciente trabalhar. Comentou Luiza.

Sinceramente, eu não tinha esta noção. Achava que boas idéias vinham logo e a gente devia ir em frente com o trabalho. Declarou Bruno.

Você tem razão, isto acontece na maioria das vezes. Somos pressionados pela falta de tempo e, então, ao invés de procurarmos saídas mais criativas e que resolvam melhor, pegamos as primeiras idéias. É a síndrome do "apagar incêndio" ou do "matar um leão por dia". As pessoas ficam tão apegadas a isto que não conseguem parar o trabalho e criar um ambiente de soluções criativas, onde haveria mais tempo para crescimento profissional e empresarial. Parece que enfrentar o leão ou apagar o incêndio dá uma sensação de sermos necessários. Completou o Especialista.

E a curiosidade?, perguntou Carlos Alberto. Como ela pode contribuir para o processo? Alguém poderia esclarecer?

Você quer falar, Marcos?

Pois não. Gostaria de aproveitar e voltar à mitologia. Ao mito de Pandora. Ela foi penalizada por sua curiosidade. Por querer saber o que estava dentro da caixa, Pandora foi a primeira mulher da humanidade pela mitologia grega. É a versão de Eva da Bíblia, que também foi penalizada pela curiosidade. Prometeu é outro mito que também foi punido por ousar. Desde os primórdios, desde que se entende por civilização, e a grega é a que mais nos influencia nisto, vemos a curiosidade não ser estimulada. Pelo contrário. Pandora foi punida. Aliás, no caso a humanidade foi punida, porque foram-se todas as virtudes exceto uma, a esperança. No caso de Prometeu ele ficou acorrentado enquanto uma ave lhe comia o fígado de dia, que crescia novamente à noite. Isto nos influencia até hoje. Dentro de uma empresa é pior ainda. Pois não somos estimulados nem um pouco a ser curiosos ou ousar. Na maior parte das vezes o que encontramos são padrões e procedimentos que devem ser seguidos.

Posso completar?, falou Carla. A maioria aqui presente estudou durante 15 anos ou mais. Todos fizeram curso superior, e muitos o mestrado, e temos dois doutores aqui. Todos estudaram em escolas diferentes, em diferentes cidades. Podemos perguntar aqui se suas escolas, de forma institucional e permanente, alguma vez estimularam os alunos e alunas a desenvolver a sua criatividade e obtiveram resultados interessantes. Alguém poderia levantar a mão para dizer se experimentou isto?

Como ninguém se anunciou, ela continuou. Estamos passando por tempos muito difíceis, onde o ensino ou a educação formal estão mais interessados em quantidade do que em qualidade. Temos visto candidatos aqui com problemas de processar o pensamento. Ou seja, podem até saber alguma coisa, mas não conseguem expressar-se. Às vezes entrevistamos dezenas de candidatos, alguns com MBAs, e cursos de pós-graduação, mas não conseguem cumprir um roteiro de conhecimentos fundamentais para o nosso trabalho. Há algum tempo atrás eu vi uma entrevista do Gary Hamel na televisão. Ele dizia que um dos problemas mais sérios do nosso país, no contexto das organizações, era o ensino. Ele disse que precisávamos de uma revolução. Depois de experimentar o que disse aqui, estou certa de que necessitamos mesmo. Bom, mas não estamos aqui para discutir este assunto. Por favor, Especialista.

Eu gostaria de contar duas situações muito interessantes do meu ponto de vista. Uma sobre uma coisa que é muito conhecida: o desfile de escolas de samba no Rio de Janeiro. E outra sobre uma pesquisa a respeito de criatividade. A primeira mostra a influência dos padrões. A segunda, a mudança das pessoas à medida que a idade passa.

As escolas de samba desfilam no carnaval durante dois dias. Elas são avaliadas por um conjunto de critérios, que vão desde a música até a forma como desfilam. Há um grupo de jurados dando notas para cada quesito. O que acontece é que as escolas perdem pontos por deixar de fazer alguma coisa, por errarem, por saírem fora de algumas condições. Isto quer dizer que todas as escolas entram com a nota dez. Se errarem ou não forem bem, perdem pontos. Ora, se é assim, isto quer dizer que existe um padrão. Logo, se uma escola atender todo o padrão ela será vencedora. O que está acontecendo? Temos agora os "desfiles de resultados". A escola faz tudo para não perder pontos. Pouco importa que o samba não empolgue; que as fantasias sejam muito parecidas com as de outros anos; e assim por diante. Não há ousadia. Pode estar certo de que em dez anos não haverá tanto interesse assim por elas. A mesma coisa acontece nas escolas, da educação formal. Este critério de punir os alunos pelo mau resultado, reduzindo suas notas, vai criando medo no aluno de errar e de não ser aceito. Isto quer dizer que o sistema escolar como está montado gera problemas para o nosso processo criativo. Bom, sabemos que Einstein não foi lá um desses bons alunos de que as escolas tanto gostam. Ele disse: "na verdade não passa de um milagre que os métodos modernos de instrução ainda não tenham estrangulado por completo a santa curiosidade da investigação".

A outra coisa que quero contar é sobre uma pesquisa contada por George Prince[12]. Ele um dos pioneiros no estudo da criatividade e junto com William Gordon desenvolveu o método *Synectics*. Disse que um grupo de psicólogos de uma universidade discutiam sobre a criatividade e a idade. Estavam inclinados a achar que aos 45 anos a criatividade decrescia substancialmente nas pessoas. Fizeram uma pesquisa e o resultado dos testes demonstrou que 2% dos avaliados eram altamente criativos. Ao discutirem os resultados, viram a necessidade de comparar com outras idades para saber em que momento ela realmente reduzia. Fizeram isto com as idades anteriores. Para surpresa deles encontraram os mesmos 2% até chegar aos sete anos de idade, quando viram mudar para 10%, e aos cinco anos subir fantasticamente para 90%. Isto nos mostra que, à medida que vamos entrando na "vida normal", vamos reduzindo nossa criatividade.

---
[12] *Prince in Journal of Creative Behavior – 1968.*

Creio que já falamos bastante sobre esta dimensão. Ela é muito empolgante. Há muitos estudos, muitas pesquisas. A neurociência está definitivamente interessada em avançar nas suas pesquisas para conhecer o processo. Se um dia os cientistas conseguirem dominar isto, acredito que vamos ter remédios para criar. Não me parece muito boa idéia, mas a ciência não se preocupa com isto desta forma.

Antes de passarmos para a próxima dimensão, você poderia fazer um resumo do que aconteceu com estas dimensões e avaliar como elas impactam o seu dia-a-dia?

DIMENSÃO PRODUTO

Como você avalia se uma idéia é criativa ou não? Quais foram as suas idéias criativas mais recentes?

Vamos entrar agora na dimensão produto. Neste caso é a última delas. O que ela tem a ver?

Com o resultado do nosso trabalho de imaginação. Disse Carlos.

Com a possibilidade de ter um produto ou serviço realmente novo para o conjunto das pessoas que estão envolvidas. Falou Paulo Roberto.

Deve existir uma aceitação para a idéia, sem a qual ela ficará sem uso e será um caso de pseudocriação. Comentou Cristina.

Adicionando ao comentário do Paulo Roberto, eu diria que é um resultado que agrega valor ao que antes existia. Tem utilidade para as pessoas e para as organizações. Completou José Antonio.

Muito bem. A questão mais complexa desta dimensão é avaliar a originalidade. É saber se o resultado é mesmo original, se é uma coisa nova. Dean Simonton diz que "uma definição extrema da área comportamental considera que qualquer trabalho é um produto criativo, independentemente de sua aceitação por pessoas contemporâneas ou por futuras gerações. Uma definição mais sociocultural considera o impacto do produto". Arthur VanGundy[13] coloca de uma forma que me agrada mais. A criatividade está em diversos níveis. Assim, se você está em casa e procura resolver uma situação que é completamente nova e para qual desenvolveu uma idéia bem original, isto é criatividade. Mesmo que este assunto seja do conhecimento do seu vizinho. Para ele a solução não era criativa, pois já a conhecia. Se estamos em grupo de pessoas e desenvolvemos alguma coisa inteiramente nova para todos nós e que não era de nosso conhecimento anteriormente, e ela nos agrega mais conhecimento, também é criatividade. Ele propõe estes níveis até chegar ao mais alto: quando a idéia não era conhecida por ninguém neste mundo. Estou certo de que esta é a melhor maneira de encarar a originalidade de um produto criativo.

---
[13] *VanGundy in Managing group creativity.*

Especialista – diz Pedro –, Mihaly Csikszentmihalyi[14], da universidade de Chicago, propõe alguma coisa parecida: "existem três elementos ou nós que são centrais em qualquer consideração da criatividade: talento individual ou a pessoa; o domínio ou disciplina que o indivíduo está trabalhando; e o campo circundante que faz julgamentos acerca da qualidade dos indivíduos e do produto". Ora, se o campo circundante é a própria pessoa, ou um pequeno grupo de pessoas, então está correta a proposição anterior.

Obrigado Pedro. Estou vendo que temos nesta sala um conhecimento bastante eclético. Bom, a questão da aprovação é realmente muito polêmica. Vou dar um exemplo.

Galileu descobriu as manchas solares e isto foi considerado original na sua época. No entanto, já eram conhecidas pelos chineses há mais de mil anos antes dele. Isto quer dizer que Galileu foi criativo porque não conhecia os resultados dos chineses, e, ao mesmo tempo, o campo circundante que fez o julgamento era limitado. Baseava-se somente na cultura européia. Logo, foi criativo para aquele ambiente. Luís, você quer falar alguma coisa?

Em 1997 participei da elaboração de um plano estratégico em uma empresa de uns dois mil empregados. Foi feito em condições bastante limitadas, pois todos nós estávamos com muito trabalho, com pouco tempo para dedicar ao plano. Mas ele era necessário porque a empresa estava nascendo da união de outras duas. Deveria ser feito rapidamente, ocupando o mínimo de tempo das pessoas na empresa. Lembro-me que foram traçados alguns objetivos para a sua realização. Por exemplo: deveria ser participativo e que levasse os participantes ao comprometimento. O plano foi feito e em menos de dois meses lá estava. Um ano depois fizeram uma pesquisa sobre o grau de comprometimento dos gerentes com o plano. Encontraram resultados acima de 80%. Foram usadas várias técnicas que falamos aqui, especialmente dos pensamentos di-

---

[14] Citado por *Howard Garner*, in *Mentes que criam*.

vergente e convergente. Deu resultado, mas não me lembro do consultor usar a palavra criatividade. Está na internet para quem quiser ver.

Obrigado pelo exemplo, Luís. Estou certo de que não se falou a palavra criatividade pelos motivos já comentados no início de nossa conversa. Existem preconceitos e resistências contra esta questão. Por isto, nós, consultores, muitas vezes usamos formas diferentes de comunicação para não suscitar estas dificuldades. Todos vêem a necessidade da criatividade, mas experiências no passado, inadequadas e sem resultados, preferem resistir ao termo.

Você teria alguns exemplos sobre pessoas ou empresas às voltas com a criatividade e inovação?, perguntou Ana Paula.

Vou falar sobre alguns. Primeiro, sobre pessoas que conheço e aproveitaram coisas simples e deram a elas novo formato:

Francimar Pinheiro é um projetista mecânico que trabalha na usina nuclear em Angra dos Reis. Gostava de fazer caminhadas e trilhas nas suas horas de lazer. Começou a subir a Serra do Mar. Afinal está tão junto à praia que não dá para pensar em trilha sem subir aquilo tudo. O visual lá de cima é fora de dúvida um dos mais bonitos do mundo. Vê-se a baía de Angra dos Reis, com suas 365 ilhas, com as montanhas fazendo uma cortina, e o Vale do Paraíba. Pois Francimar, que gosta muito de história, encontrou várias trilhas usadas séculos atrás para o transporte de ouro e café. Além disto, encontrou diversos outros locais maravilhosos que estão fora da vista de quem passa pela estrada. Transformou isto em uma pequena atividade, anunciada em sua página da Internet. Faz passeios onde junta o prazer da caminhada com o do conhecimento. De simples andarilho, passou a oferecer a todos nós a possibilidade de aumentar nosso conhecimento com muito prazer.

Sonia Rodrigues é uma escritora com diversos livros. Quando fez a sua tese de doutoramento viu que poderia aproveitar o conhecimento adquirido para fazer um jogo. Sim, um jogo. Muito interessante, pois neste jogo as pessoas aprendem a escrever obras de ficção, disputando com outras a estória mais interessante. A partir de algumas sugestões e orientações básicas, todas as pessoas podem colocar asas na sua imaginação produtiva e escrever sua obra de ficção.

Célia Jaber de Oliveira foi uma comissária da aviação comercial. Ficava incomodada com a necessidade de passar a sua roupa a cada viagem. E, neste caso, não são poucas viagens. Fazia como muitas pessoas, aproveitava o vapor da água quente dos chuveiros dos hotéis para alisar as roupas. Afinal não eram roupas tão amassadas assim. No entanto, acabou por perceber uma coisa à qual não estava pondo atenção: uma nova forma de passar a roupa sem o uso de ferro elétrico comum. Decidiu desenvolver uma alisadora de roupas. Juntou-se com o irmão, Lupércio, técnico em mecânica, foi fazer um curso de Engenharia de Produtos, e decidiu desenvolver seu equipamento, tendo sido selecionada pela incubadora de empresas do CIETEC – Centro Incubador de Empresas Tecnológicas, ligado ao IPEN – Instituto de Pesquisas Energéticas e Nucleares. Lá está ela agora desenvolvendo a sua idéia.

Se fizermos uma visita pelas incubadoras de empresas por este país afora, vamos encontrar várias histórias como esta da Célia. Fantásticas. Mostram que podemos desenvolver muito nossa criatividade e transformá-la em inovações importantes. A maior parte da nossa criatividade industrial hoje em dia está nas incubadoras de empresas.

Falando de empresas incubadas é importante lembrar de uma que esteve na incubadora do Instituto Gênesis, da Pontifícia Universidade Católica do Rio de Janeiro, a PipeWay. José Augusto Pereira da Silva liderou o desenvolvimento de um sistema mecatrônico para inspeção de dutos. Hoje já cresceu e exporta serviços para diversos países.

Gostaria de falar da experiência maior brasileira. Afinal, quem inventou o avião foi um brasileiro e não poderia deixar de falar da Embraer. Ela é um exemplo para nós de como funciona um empreendimento bem-sucedido. Junte-se em um lugar o conhecimento sobre engenharia aeronáutica que é o ITA – Instituto Tecnológico da Aeronáutica. Soma-se à vontade de algumas pessoas de realizar o sonho de ter uma empresa que fabrica aviões. Então temos uma indústria. Aí se adiciona o conhecimento de mercado e o interesse em servir bem ao cliente. Temos uma empresa de sucesso. Esta realização é muito importante para nós, pois nos mostra que se pudermos repeti-la em outros campos, especialmente o da biotecnologia, vamos ter muito sucesso e ser os melhores nesta área.

Recentemente tive uma experiência com o pessoal de uma empresa de *commodities*. Trata-se da Cargill. Os gerentes da unidade de suco de laranja em Bebedouro, liderados por Tobias Grasso, resolveram implantar seu programa de inovação a partir da solicitação da matriz nos Estados Unidos. Por dois dias, estivemos trabalhando em um hotel no interior de São Paulo, e ao final haviam construído toda a base para o lançamento do plano na sua unidade. Esta é a função do facilitador da criatividade. Trabalhar o processo e deixar que os participantes construam o conteúdo.

Tenho trabalhado também com uma plataforma para desenvolvimento de produtos. Uma experiência muito interessante foi com a equipe de gerentes, em torno de 60 pessoas, da Puerto Valparaiso, no Chile. Além de serviços portuários, esta empresa presta muitos outros à comunidade local, que envolve as cidades de Valparaiso e Viña Del Mar. Pois os participantes fizeram um exercício ao final de minha palestra e geraram diversas novas idéias para prestação de serviços. Foi muito gratificante ver a alegria deles ao inventarem novos serviços.

Este mesmo exercício aplicado em São Paulo, em uma empresa industrial, fez com que um grupo de uma unidade industrial descobrisse um novo produto a ser oferecido ao mercado de varejo.

O trabalho com plataforma de produtos é muito interessante porque ele fatalmente nos ajuda a realizar nossos sonhos. Recentemente, com mais alguns colegas, criamos a primeira escola no mundo para formar facilitadores em criatividade e inovação para trabalhar com populações pobres. Ela está em Antigua de Guatemala. Os cinqüenta alunos que vão se formar neste curso trabalharão por todo o país. Eles fizeram este exercício. Ao final era maravilhoso ver a alegria deles com a descoberta de várias oportunidades para ajudar as populações marginadas.

Nosso tempo já está no fim. Quero dizer que foi muito bom estar aqui com vocês, e creio que vamos nos encontrar outras vezes. Até outra oportunidade!

Parte III

Exercitando, Exercitando, Exercitando com Situações Reais

Não há nada mais feio do que dar pernas longuíssimas a idéias brevíssimas.

Dom Casmurro
Machado de Assis

Até aqui você conheceu:

- o processo criativo visto pelo método Osborn/Parnes;
- a diferença e complementaridade entre Criatividade e Inovação; e
- a importância de se trabalhar com as quatro dimensões da criatividade para que a organização possa desenvolver-se, obtendo resultados criativos.

Agora vamos fazer alguma coisa mais pessoal. Entre você e eu.

O meu objetivo é que ao final você tenha um conjunto de ferramentas facilitadoras do seu desenvolvimento dentro da criatividade. Para isto vou explicar e propor alguns exercícios práticos. Fazendo-os, você terá a possibilidade de conhecer os efeitos no seu desenvolvimento. Tudo ficará aqui entre nós e, se qualquer dúvida houver não se preocupe, escreva para mim e terei o máximo prazer em ajudar (o meu endereço eletrônico você poderá encontrar na página: www.benetti.com.br).

Como os exercícios podem ajudar no seu crescimento no uso da criatividade? Só tem uma forma: exercitando, exercitando e exercitando.

Antes de começarmos vou dar uma sugestão: use lápis ou lapiseira. Assim poderá apagar e refazer quando quiser novamente, verificando os seus progressos.

Vamos ver alguns temas com um pouco mais de detalhe sem cairmos na linha de um livro-texto. Assim, tenho a intenção de abordar:

- a sua relação com a criatividade; como você a encara e de que forma ela se manifesta na sua vida;

- as características da criatividade, enfocando como você se vê como uma pessoa criativa;
- os bloqueios, quais são e como eles se manifestam. Você poderá fazer uma análise de como eles atacam o seu pensamento criativo;
- algumas técnicas dos pensamentos divergente e convergente; e
- as transições, que ajudam a deixar as pessoas mais à vontade no trabalho que vão fazer.

Como bem falou John Kao[15], um especialista em criatividade, estamos na Era da Criatividade, que outros chamam de Era da Inovação. Isto corresponde a muito mais do que Era da Informação ou Era do Conhecimento. Criatividade e Inovação criam mais conhecimento.

Muito bem, lá vamos juntos nesta empreitada. Nunca na cauda do cometa nem atrás do trio elétrico. Vamos à frente. Você é a pessoa mais importante para si. Logo, em matéria de destino, você é quem comanda o seu.

Em cada tema vou fazer algumas perguntas ou propor algum inventário. Meu objetivo não é dizer o que prefere, mas que você se descubra, sendo também autor desta parte.

A sua Relação com a Criatividade

O que é a criatividade para você?

---

[15] *Kao in Jamming.*

Como a criatividade pode ajudar você?

Como a criatividade pode ajudar a sua organização?

O que gostaria que acontecesse depois da leitura deste livro?

Olhando a sua atuação na vida profissional e pessoal, quais são os fatores e condições que facilitam ou dificultam o uso da criatividade?

	Facilitam	Dificultam
No trabalho:		

	Facilitam	Dificultam
Em casa:		
Outros locais:		

Problemas encontrados:

Como deve ser um ambiente que motive o uso da criatividade?

Você costuma separar um tempo, ou ir a algum local, para pensar como poderia realizar suas atividades de uma forma melhor? Por quê?

Após cada trabalho ou projeto você procura, sozinho ou com seus colegas, avaliar o que deu certo e o que deu errado? Procura aprender com as falhas?

Ao fazer este breve levantamento, o que você verificou? Já havia parado algum momento e dedicado um tempo do seu dia-a-dia para entender como está levando a vida em relação à criatividade?

A que conclusões você chegou? Acredita que seu tempo está sendo bem organizado de forma a aproveitar o máximo de si? Já experimentou mudar um pouquinho a cada semana, de forma a chegar a um determinado tempo em que fazer o melhor estará sempre no seu repertório? Alguém já disse que trabalhar com criatividade é trabalhar no topo da competência. Logo, não perca esta oportunidade. Além do mais, ela vai ajudar de forma inequívoca na sua vida pessoal. Nas relações com outras pessoas. Seja da família, ou das amizades. Já experimentou alguma vez resolver um assunto em família usando a criatividade? Pois vai ter uma grande surpresa, pois as pessoas participam mais, sentem-se incluídas no processo, e, com isto, muito mais comprometidas com os resultados. Portanto, não perca esta oportunidade.

Faça de forma simples. Liste um pequeno conjunto de ações que fará para melhorar o seu desempenho com relação à criatividade. Faça isto abaixo:

Pode fazer uma lista longa, mas comece aos poucos. Vamos fazer como na ginástica ou nas caminhadas. Como não estava fazendo nada antes, deve começar devagar e ir incrementando. Aos poucos, mas continuamente. De repente estará no ritmo. E daí para frente é dar qualidade a este desempenho. Combinado? Pois está nas suas mãos. Você pode e vai conseguir.

Mas não se preocupe, ainda há muitas coisas para vermos que vai ajudar. Vale?

CARACTERÍSTICAS DO PENSADOR CRIATIVO

Vários estudiosos têm se dedicado a este assunto. Neste livro já tocamos neste assunto. Mas vamos fazê-lo agora de forma mais direta. Para Robert J. Stermberg, todo pensador criativo deve, entre outras coisas, ser uma pessoa que sabe reconhecer um problema. Para Dean Simonton é aquele que tem elevada produção de produtos criativos.

Para compreendermos melhor como cada um de nós funciona vamos usar aqui os critérios de J. P. Guilford, um dos maiores pesquisadores na área da criatividade. Segundo ele, o pensador criativo tem características próprias. Aproveitei a relação dele e preparei um inventário para ajudar você a verificar sua posição e quais características devem ser melhoradas.

A seguir você encontrará um grupo de características com suas respectivas explicações e uma escala. É uma escala adaptada. Ela começa em pouco (1), quase nada, e vai até muito (5), o máximo. O critério de qualificar e apontar o número é seu. Não haverá ninguém mais que vai analisar estes resultados, ou dar uma nota. Somente você vai verificar como está. Sinta-se muito à vontade. Preencha e veja o que aconteceu. Faça um círculo, um traço, o que quiser em cima do número que melhor atende ao seu posicionamento:

		Pouco				Muito
1. FLUIDEZ	Habilidade de gerar um bom **volume** de idéias, conceitos ou respostas a uma questão ou problema.	1	2	3	4	5
2. FLEXIBILIDADE	Habilidade para manusear e produzir **diferentes** tipos de informações e pensamentos. De ver por outros ângulos.	1	2	3	4	5

		Pouco				Muito
3. SENSIBILIDADE	Habilidade de **encontrar** problemas. Um nível de capacidade analítica e intuitiva para ver o coração do problema.	1	2	3	4	5
4. ORIGINALIDADE	Habilidade para gerar o **novo**, a novidade, o diferente.	1	2	3	4	5
5. ELABORAÇÃO	Habilidade de **desenvolver** ou construir um pensamento ou conceito.	1	2	3	4	5
6. LIBERDADE	Estar **livre** de constrangimentos internos e externos.	1	2	3	4	5

Se quiser faça uma soma para ver o total dos itens assinalados. Mas será somente para seu conhecimento. O importante é cada item de per si. Depois de assinalar cada um deles, avalie o que necessita melhorar ou desenvolver. Repare em cada item acima. Lembre-se: não está competindo com ninguém.

Veja como está quando tem uma questão à sua frente. Você gera muitas respostas a ela? Tem um número bastante grande de sugestões ou idéias? Isto é a fluidez. Relaciona-se com a quantidade de respostas que damos. Se o seu número está aquém do que gostaria, não se preocupe. Novamente digo, é igual à ginástica. No começo a gente até se frustra. Mas, à medida que vamos em frente, sentimos os progressos.

Lembro-me que durante algum tempo tive que viajar para uma cidade do norte do país, Porto Velho, todos os meses, por mais de um ano. No hotel onde me hospedava havia uma quadra de tênis onde um instrutor treinava pessoas da cidade. Pela manhã, bem cedo, eu ia fazer minha caminhada e usava o entorno da quadra para isto. Era possível observar os treinandos por um bom tempo. Dava para sentir os progressos de cada um deles a cada viagem que eu fazia. Ali via algumas pessoas chegarem mal sabendo segurar uma raquete, e algum tempo depois estavam jogando o suficiente para ter um final de semana prazeroso jogando tênis. Da mesma forma serão os seus progressos. A cada vez que exercitar estará melhor que antes.

Com a flexibilidade é a mesma coisa. Suas respostas são bem variadas ou têm uma mesma linha? O melhor é que sejam bem diferentes, mas para isto temos que esgotar o copo de respostas lugares-comuns. Isto mesmo, as primeiras respostas são sempre muito parecidas. Repare quando estiver participando de sessões de geração de idéias. As primeiras vão ser sempre muito similares. Por isto temos que incrementar. Assim, quanto mais respostas der, mais facilmente, também, chegará à flexibilidade. Tente.

Quanto à sensibilidade já falamos aqui e até contamos a anedota do professor Stermberg sobre o entendimento de um problema. Isto é fundamental! Quando entendemos claramente o problema estamos com mais da metade dele resolvido. Assim, pense um pouco como está trabalhando os problemas que aparecem para você. Está usando alguma metodologia para entendê-los melhor, ou simplesmente acata como estiver? Cuidado. Quando não trabalhamos o problema corretamente corremos o risco de resolver o que não ajudará muito a chegar em nosso objetivo.

E a originalidade, como está? Você se vê dando respostas em que nunca havia pensado antes? E em trabalhos de grupo, como responde às questões propostas? Suas respostas são novas? Se não são ou se você gostaria que fossem melhores, volto a dizer: Isto virá com o uso do seu intelecto. Quanto mais usá-lo mais facilidade terá para idéias novas. Vamos entender uma coisa: Em um grupo de pessoas todas elas recebem as mesmas informações durante anos. No entanto, elas têm formas diferentes de responder. O que quer dizer isto? É que combinamos de forma diferente as informações e o conhecimento que temos. E as primeiras combinações são aquelas mais comuns e próximas. Por isto, temos que fazer muitas combinações. Quanto maior for o número delas, melhor. Esta é uma das grandes características da geração de idéias: QUANTIDADE

SIGNIFICA QUALIDADE. Você pode ver que quanto maior for a produção de um profissional, seja em negócios, seja um artista, maiores serão as suas chances de produzir trabalhos criativos. De toda a obra de Shakespeare, apenas uma parte ocupa quase todo o tempo dos palcos pelo mundo afora. Por isto é importante ser profícuo.

À elaboração também chamamos de articulação. Indica se somos capazes de ler ou estudar alguma coisa e transformá-la em uma forma inteligível de conhecimento. Saberemos facilmente dar a entender às outras pessoas aquilo que elaboramos.

Minha professora de Processo do Pensamento, Margarita Sánchez[16], dizia que este é um dos maiores problemas encontrados nas escolas primárias, e que depois vai refletir no futuro dos alunos. Eles não conseguem elaborar o pensamento, ou fazer um raciocínio com o que lêem e, no futuro, embora tenham as informações, não conseguem transmiti-las corretamente. Por isto, quanto mais lemos e debatemos o que aprendemos melhor para nós.

Finalmente, chegamos à liberdade. Aqui devemos entender a questão dos bloqueios, de que vamos tratar mais particularmente. Eles podem ser criados por nós mesmos, ou vindos de fora. Temos que ter estratégias para superá-los.

Não sei se você viveu em algum lugar, ou período sob os efeitos de uma ditadura. A liberdade fica muito limitada. E aí vemos a capacidade das pessoas criativas em criar estratégias para falar da liberdade de forma que todos entendam exceto os ditadores. Mas não estamos mais sob ditadura. Em nosso país impera um estilo patriarcal, no qual sempre esperamos que os poderosos solucionem tudo. Isto não nos ajuda muito. Não nos sentimos à vontade, por exemplo, de contestar ou contrapor opiniões de pessoas que ocupam posições mais elevadas na hierarquia da organização em que trabalhamos.

---

[16] *Sánchez in Procesos básicos del pensamiento.*

Agora que já falamos sobre as características do pensador criativo, anote abaixo o que gostaria de fazer para melhorar nos itens abaixo de sua expectativa:

```
┌─────────────────────────────────────────────────────┐
│                                                     │
│                                                     │
│                                                     │
│                                                     │
│                                                     │
│                                                     │
└─────────────────────────────────────────────────────┘
```

Faremos alguns exercícios mais à frente. Com eles você vai poder verificar melhor este itens que assinalou. Ajudará inclusive a priorizar o que deve atacar mais. Mas não deixe de preencher agora. Será muito útil para a comparação futura. Você terá uma base, uma referência. Além disto, repita este inventário de vez em quando. Servirá para você saber como está variando.

OS BLOQUEIOS

> *"Não tenho mais idéias.*
> *Tenho só memória."*
>
> Do escritor Giovanni Pontano, personagem
> do filme "A Noite", de Michelangelo Antonioni

Lembra da primeira parte em que as Sereias entraram no oráculo e distraíram os sacerdotes? Pois é, aqui vamos tratar deste assunto. Antes quero falar sobre alguma coisa que julgo importante. Já estou nesta atividade, fazendo conferências, oficinas, implantando trabalhos, há mais de dez anos. Se contar desde a minha primeira experiência com programas de criatividade em 1986, lá se vão 17 anos. Portanto, existem muitos quilômetros rodados, relacionando-me com muitas pessoas.

A conclusão a que chego, mesmo considerando outros países em que já estive, é que somos o nosso maior adversário. A maior dificuldade de criar, ou de gerar idéias, ou mesmo de participar de um projeto criativo, está em nós mesmos. Temos muita dificuldade em acreditar que podemos fazer uma coisa criativa. Sempre achamos que não podemos, e isto serve para justificar todas as nossas atitudes daí para frente. Não acreditamos em nós mesmos. Justificamos, e fica por isto mesmo. Ou seja, na MESMICE! Um aluno, na Fundação Getulio Vargas, do Rio de Janeiro, certa vez escreveu:

"A maior parte das pessoas tem medo de se expor. Gerar idéias é um meio de expor. Se a pessoa não se sente apoiada, os bloqueios impedirão seu desenvolvimento". De um lado estão os profissionais que não acreditam neles mesmos; do outro, a organização que não cria estímulos para eles. Isto acaba construindo um círculo vicioso onde um culpa o outro, na certeza de que tal comportamento justifica a nossa inércia, às vezes omissão.

A outra conclusão a que cheguei é que todos somos criativos mesmo! Qualquer pessoa pode ser criativa, mas tem que deixar ser. Até recorro a um exemplo de uma aluna em sala de aula: "Meu comentário no início da aula: 'não sou criativa'. Meu comentário no final da aula: 'posso ser criativa', tenho que me permitir". O que vemos neste depoimento é que ela não tinha crença alguma na sua criatividade. Como a maioria das pessoas que encontro nos eventos. E sempre temos explicações bem fundamentadas para isto. Depois, viu as possibilidades e ficou admirada. Reconheceu nela o maior obstáculo para o seu próprio crescimento.

Por isto, não seja o seu adversário. Lute contra.

Os bloqueios vêm sendo estudados há muito tempo. Gosto de uma organização feita por Scott Isaksen e Donald Treffinger[17]. Basicamente colocaram os bloqueios em três grupos como mostro a seguir:

Bloqueios Pessoais

São aqueles que atuam sobre a percepção e a emoção, tais como:

☐ Ausência de autoconfiança;

☐ Tendência ao conformismo;

☐ Necessidade de pensar o habitual ou familiar;

☐ Dormência emocional;

☐ Saturação;

☐ Entusiasmo excessivo; e

☐ Ausência de controle da imaginação (delírio).

Bloqueios na Solução de Problema

Aqueles que atuam nas atividades do pensamento, tais como:

☐ Soluções preestabelecidas;

---

[17] *Isaksen e Treffinger in Creative problem solving: the basic course.*

□ Julgamento prematuro;

□ Hábito de adiar;

□ Uso de abordagens pobres;

□ Ausência de esforço disciplinado;

□ Comunicação fraca; e

□ Rigidez.

Bloqueios Situacionais

Aqueles que incluem os elementos do ambiente e da situação que está sendo vivida, tais como:

□ Crença de que a razão científica é uma panacéia;

□ Resistência para novas idéias e mudanças;

□ Isolamento;

□ Atitude negativa para com o pensamento criativo;

□ Tomar decisões autocráticas;

□ Excesso de especialização; e

□ Ênfase excessiva na competição ou cooperação.

Atente bem para os bloqueios enunciados. Verifique quais ocorrem com mais freqüência em suas atividades. Assinale-os com um X. Seria muito interessante deter-se e avaliar os que impedem sua desenvoltura na criatividade. Depois disto poderá traçar algumas estratégias para reduzir, eliminar, na verdade, vencê-los.

Liste-os abaixo e veja como pode superá-los:

Existem alguns que eu quero comentar mais um pouco. Até porque eles envolvem muitas pessoas, e seria muito interessante trabalhá-los para superarmos em nível de grandes grupos, de país até.

Tenho pensado por algum tempo a respeito de nossa situação como um todo. Por que alguns países têm mais dificuldades que outros no campo da criatividade e inovação? Por que em alguns lugares viceja mais o desenvolvimento do que em outros? E faço uma comparação entre os países mais desenvolvidos e os que são menos. Somos um país grande, portanto poderíamos nos beneficiar do fato de ter muita gente para produzirmos mais idéias e, conseqüentemente, mais inovações. Estar entre os maiores. Mas não estamos. Pelo contrário. Estamos muito atrás. Mas, por que isto acontece? sem querer ser definitivo e colocando a questão para reflexão, vou falar de uma pesquisa muito interessante.

Geert Hofstede[18] pesquisou a cultura nas organizações em cinqüenta países. Sua pesquisa não é geral. Ele tomou profissões similares em cinqüenta países, considerando uma organização. Comparou-as para fazer suas observações. O seu resultado é muito interessante. O que tenho visto nos países onde tenho trabalhado é que ele está com boas razões.

Ele preparou um quadrado com quatro quadrantes, que representam formas positivas e negativas de Resistência à Incerteza e Distância do Poder. Sem entrarmos em muitos detalhes gráficos aqui, posso adiantar que nosso país está no quadrante negativo tanto para Resistência à Incerteza como para a Distância do Poder. Isto quer dizer que, no âmbito das organizações, os profissionais têm dificuldades de arriscar e entende-se que não é dada autonomia. Por outro lado, não se sentem à vontade para debater ou contrapor os argumentos dos níveis superiores.

Ampliadas estas condições para a maior parte de nossas organizações, vemos que temos um problema em nível nacio-

---
[18] *Hofstede in Culture and organizations – Software of the mind.*

nal. São bloqueios que atingem a todos de forma a estabelecer uma cultura no país. Isto é suficiente para que nosso país se atrase em matéria de desenvolvimento de inovações? Não. Porque temos países como o Japão e a Coréia do Sul que também estão neste mesmo quadrante e encontraram formas de superar isto.

Comparando com a Coréia do Sul, nos últimos 15 anos tivemos uma produção científica mais ou menos similar em termos de quantidade; no entanto, nos últimos anos aquele país tem produzido seis vezes mais patentes que o nosso. Qual é a resposta? Devem existir várias. A principal foi o investimento em educação e uma disciplina firme para atingir objetivos nacionais. E conseguiram resultados positivos tendo as mesmas dificuldades que temos. Então por que não avançamos? Minha resposta é que sempre esperamos que alguém venha e faça alguma coisa. Não entendemos que temos que resolver o nosso problema pessoal. Fazer cada um a sua parte. Como disse o Jack Welch, ex-presidente mundial da GE: "Governe o seu destino antes que alguém o faça".

Voltando aos bloqueios, já se comentou anteriormente sobre os exercícios que podem nos ajudar a sair deles. Falamos sobre dois exercícios, o do Hishberg e o brainstorm inverso. Uma outra sugestão é a proposta de Chris Argyris[19]. Ele sugere tomarmos uma folha de papel e escrever de um lado o que está ocorrendo realmente em termos de diálogo ou conversa, ou o que estamos fazendo para resolver um problema. Do outro lado devemos escrever os pensamentos e sentimentos paralelos. Ao confrontar estes dois lados começamos a reparar o que está travando nosso raciocínio, nossas idéias. Podemos até desenvolver uma estratégia de superação. No entanto, se isto estiver acontecendo repetidas vezes, com as mesmas características, teremos encontrado uma fonte segura de bloqueios. Por certo nos ajudará muito fazer um tratamento mais centrado e profundo nestas causas.

---

[19] *Argyris e Schön in Theory and practice: increasing professional effectiveness.*

A CULTURA E O CLIMA

Um ambiente, seja ele doméstico ou organizacional, tem sua cultura e seus climas. Para efeito de entendimento, cultura é aquilo que compõe os princípios e os valores dos donos ou diretores da organização, ou dos pais em nossa casa. Isto influencia a forma como vamos trabalhar em cada uma delas.

Se a mãe de Steven Spielberg motivava-o e até deu uma câmera de filmar quando ele era jovem, na maioria dos lares isto não acontece. Os pais não motivam os filhos a serem criativos. Depois eles vão para a escola e lá também não encontram nenhuma motivação. Onde é que vão desenvolver sua criatividade? Especialmente em um lugar onde há uma forte resistência à incerteza? Vai ser muito difícil, não é?

Na organização é a mesma coisa. Se os diretores ou os donos não lideram a causa da criatividade e inovação, nada acontece. Ou vão acontecer episódios em determinadas áreas e pronto. Nada que signifique grandes resultados para a organização. Assim, eles têm que estar à frente. E não basta escrever em grandes quadros que a organização estimula a criatividade e a inovação através dos seus princípios e valores. Tem que liderar mesmo. Dar o exemplo. E pode estar certo de uma coisa: as empresas que não fizerem isto vão deixar de existir em pouco tempo. Nos últimos anos temos visto muitas delas mudando de donos ou deixando de existir. Esqueceram de que tinham que inovar. Acabaram. E o mercado não perdoa. Ou ela acaba ou é comprada.

Inexoravelmente a teoria de Charles Darwin, da seleção dos mais adaptados, também se aplica às nossas profissões e às empresas. À medida que não nos adaptamos aos novos tempos, vamos desaparecendo profissionalmente.

A cultura na sua organização é positiva ou negativa para o uso da criatividade? Quais são os fatores que merecem atenção? E o que ela já tem que pode ajudá-la?

Em nível pessoal é a mesma coisa. Se não nos impomos pelo fato de ter uma capacidade única e especial, vamos ficar igual a muitas outras pessoas. Se ficamos iguais, pode estar certo de que em algum lugar haverá um laboratório do doutor Silvana desenvolvendo uma máquina para substituir este grupo de pessoas. Você já prestou atenção em quantas profissões e empresas desapareceram nestes últimos tempos?

Foster e Kaplan[20] participaram de uma pesquisa durante muitos anos na McKinsey, uma grande consultora internacional. Avaliaram as condições do mercado para a existência das empresas. Uma das conclusões a que chegaram é que, em 2020, 75% das 500 maiores empresas será formado por organizações não conhecidas hoje. E as 25% restantes serão empresas conhecidas hoje, mas com características diferentes das que possuem agora. Dizem eles que a voracidade do mercado é muito grande. Antes o tempo médio de uma empresa permanecer entre as maiores era de 65 anos. Hoje é de 10 anos. Empresas que estão apostando na continuidade simplesmente estão sumindo. Se você apostou corre o risco de sumir também.

Voltando ao assunto de cultura e clima, em todo lugar temos a natureza (cultura) em geral e seus climas em particular. Em uma organização não é diferente. Por exemplo, uma organização tem sua cultura emanada pelos seus dirigentes.

---

[20] *Foster e Kaplan in Destruição criativa.*

Esta cultura chega em cada área de atividade e se transforma em climas. Uma empresa que está em diversas localidades vai ter com certeza diversos climas, pois cada localidade vai fazer seu clima próprio. Vai reunir a cultura da empresa, com a do local, e das pessoas que lá trabalham e vão formar um clima diferente daquele de outra cidade, onde a empresa atua.

A mesma coisa acontece com os departamentos de uma mesma organização. A cultura chega até eles e adiciona a do local segundo as atividades daquele grupo de pessoas. Isto quer dizer que uma organização tem diversos climas diferentes. E dentro destes climas, poderemos ter subclimas.

Como é o clima na área em que você trabalha ou das áreas para as quais trabalha? É fácil usar a criatividade ou não há espaço para isto? Você já pensou em ajudar a mudar estes climas?

Se você está interessado em ajudar sua organização a implementar um programa de criatividade e inovação, procure entender cada um destes climas e verificar onde está mais fácil a entrada da criatividade e onde está mais difícil.

Uma boa estratégia para uma organização é primeiro reconhecer a cultura de seus dirigentes. Se esta cultura não é favorável à criatividade, deverá ser feito um trabalho para mudá-la significativamente. Os dirigentes devem ser os primeiros a acreditar nisto.

Um exemplo interessante, bastante reconhecido internacionalmente, foi o de John Carlzon na empresa de aviação SAS. Ele tomou como metáfora a revolução cultural de Mao Tsé Tung, na China, que criou o famoso livro vermelho. Criou um livro semelhante na sua empresa e tratou de fazer uma revolução cultural. Conseguiu transformar a SAS. Apenas não se esqueça de que uma revolução cultural, seja na China, seja na SAS, ou na sua empresa, produz baixas.

Segundo Akio Morita[21], ex-presidente da SONY, a grande mudança do Japão na área de gestão dos negócios só foi possível porque o General MacArthur, como interventor local, aposentou todos os dirigentes das empresas japonesas que ele lá encontrou depois da Segunda Guerra Mundial. Com isto, um novo grupo ascendeu, disposto a mostrar um trabalho muito melhor. Os resultados conhecemos muito bem.

Seguindo em frente, após a cultura você deve estudar os climas. Existem inventários que ajudam muito nisto. Nos locais onde houver maior facilidade você prioriza a implementação. Nos outros inicie um trabalho de mudança. Não se esqueça, há locais onde não queremos criatividade in loco. Por exemplo, em uma sala de operação de uma usina de energia elétrica, em uma cabine de pilotagem de avião, não há espaço para criatividade. Existem procedimentos exaustivamente estudados para serem seguidos. Logo, siga as regras. No entanto, mesmo estes grupos podem pensar em alguma coisa criativa. Para isto eles têm as salas de simulação. Nestas salas eles usam toda a tecnologia disponível para que novos procedimentos sejam desenvolvidos.

Melhorada a cultura e conhecidos os climas da empresa, você poderá desenvolvê-la na direção da criatividade. Esteja certo de que será uma empresa criativa. Basta que o desejo de criar corra pelas veias de todas as pessoas. Persista.

Vou dar um exemplo pessoal. Há pouco tempo trabalhei com uma empresa chamada Cargill. Já mencionei anterior-

---

[21] *Morita in Made in Japan.*

mente. É uma empresa de commodities – soja, laranja e cacau. Aqui receberam uma orientação da sua matriz nos Estados Unidos. Os três pilares da empresa são: Foco no cliente; inovação; e performance.

O primeiro e o terceiro estavam claros para os gerentes porque há muito atuam assim e têm conseguido excelentes resultados. A questão era a Inovação. Esta não era uma preocupação que envolvia todas as áreas anteriormente. Então entendemos aqui o que é cultura. A matriz tomou uma decisão lá nos Estados Unidos. Houve uma demonstração de liderança que foi transmitida a todos os demais pontos da empresa pelo mundo inteiro.

A decisão chegou aqui. Um grupo de gerentes da unidade de suco de laranja, sediada em Bebedouro, decidiu implementar um programa de criatividade e inovação.

O trabalho realizado foi no sentido de que os gerentes construíssem todo o programa. Que deles saíssem toda a estrutura e os conteúdos. Para isto tomaram conhecimento das características da criatividade e inovação, e das quatro dimensões da criatividade, especialmente do ambiente apropriado para ela. Depois, seguindo uma metodologia própria, eles compuseram todo o programa. Foi um programa altamente participativo, e que levou ao comprometimento de todos aqueles que participaram. Um mês depois o programa estava lançado naquela unidade.

Vimos neste exemplo que a cultura (a matriz) tomou uma decisão e comunicou às suas unidades espalhadas pelo mundo (climas). Aquela unidade onde o clima estava mais propício à entrada da criatividade e inovação tomou a decisão de desenvolver um programa de criatividade e inovação.

OS PENSAMENTOS DIVERGENTE E CONVERGENTE

"A melhor idéia é a idéia que se realiza."
De um mapa astrológico
que recebi de presente.

Anteriormente vimos que Wallas estudou o pensamento criativo e chegou à conclusão de que ele ocorre em quatro etapas:

• Preparação;

• Incubação;

• Iluminação; e

• Verificação.

Esta teoria até hoje vale e quase todos os métodos de processos criativos partem deste princípio. É fundamental que tenhamos uma boa preparação. Muitas informações, observações, sentimentos, percepções, devem entrar em nossa mente antes de começarmos a gerar idéias. Quanto mais, melhor. Se tivermos um grupo de pessoas, melhor ainda. Teremos a possibilidade de juntar cérebros para uma espécie de corrente de combinações de dados de forma quase infinita.

Depois vamos para a incubação e é importante darmos tempo para a mente trabalhar. Se necessitarmos resolver logo a questão, tudo bem. Mas não ocorre sempre assim. Temos tempo. Por isto, podemos voltar à questão de vez em quando e agregar novas idéias. Com isto estamos ajudando a incubação. O cérebro vai fazendo combinações cada vez mais sofisticadas até que sai do consciente e entra no inconsciente. Aí vai encontrar as idéias maravilhosas e totalmente desconhecidas para nós.

A iluminação ocorre de forma inesperada. É espontânea. Muitas vezes estamos andando pela rua, ou dirigindo um automóvel, ou mesmo passeando, fazendo compras, e de repente lá vem uma idéia. Isto quer dizer que nossa mente fez a devida incubação, as combinações fora da expectativa, e soltou a resposta. Por isto é sempre bom ter um pequeno caderno à mão. Alguns preferem ter agendas eletrônicas ou gravadores pequenos. Minha experiência diz que é melhor o mais simples. Mas anote de qualquer forma a idéia. Ela vai servir em algum momento, mas é igual perfume, desaparece logo.

E pode ocorrer uma idéia para uma situação completamente inesperada. Lembre-se que falamos sobre *serendipity*, ou o acaso proveitoso. Não é uma técnica e nem um método. É uma ocorrência em nossa iluminação que não temos como administrar. E deve ser aproveitada, por isto anote sempre o que vier pois poderá servir em uma ocasião qualquer.

Finalmente temos que verificar se a idéia realmente resolve nossa questão e se é factível. Muitas vezes teremos boas idéias, mas o custo, ou o tempo de realização, ou outro critério, não permitirá que ela seja usada. Assim, na verificação devemos estar certos de que a idéia é totalmente realizável.

Muitas técnicas podem nos ajudar neste processo de Wallas. E para isto vamos entender um pouco mais como funciona a mente para o processo criativo. Guilford[22] pesquisou e chegou à conclusão de que o intelecto tem cinco operações:

- Cognição;
- Memória;
- Avaliação;
- Produção Divergente;
- Produção Convergente.

As que nos interessam mais são as duas últimas. Na produção divergente ou também chamada de pensamento diver-

---
[22] *Guilford in Frontiers of creativity research – Beyond the basics.*

gente, ou pensamento criativo, nós vamos ao cérebro e procuramos diversas informações, sugestões ou idéias a respeito de um tema ou questão. Na produção convergente, ou pensamento convergente, estamos interessados somente em uma informação, sugestão ou idéia.

Isto nos remete a uma situação que muito amiúde acontece com a gente. Estamos resolvendo um problema ou desenvolvendo um produto ou serviço e, ao invés de passarmos bastante tempo pelo pensamento divergente, vamos direto ao convergente. O que acontece? O resultado fica muito pobre. Possivelmente isto é produto do treinamento obtido nas escolas. Recebemos sempre exercícios e problemas para resolver que levam a somente um resultado correto. E não somos instigados a procurar outras formas para resolvê-los.

Assim, toda vez que tiver de pensar em uma solução é fundamental deixar o pensamento divergente agir livremente. Deixe acontecer. Para isto, você deve considerar as seguintes regras:

- Deferir o julgamento, isto é, não censurar nenhuma idéia;
- Aceitar todas as idéias;
- Procurar combinar e adicionar outras informações;
- Pegar carona em outra idéia;
- Quantidade gera qualidade;
- Correr riscos na sua imaginação;
- Procurar pelo inusitado.

Bertrand Russell, grande filósofo e matemático do século XX, dizia que a maior invenção daquele século foi o julgamento deferido. Com ele reduzimos a crítica e a censura sobre nossas idéias e as de outras pessoas. Pudemos imaginar mais coisas até então impensáveis. E o mundo teve um avanço muito grande.

Olhando as regras do pensamento divergente, logo acima, veja quais aquelas em que você tem mais dificuldades? Como poderia superá-las?

Depois de geradas muitas informações, sugestões e idéias, aí sim vamos para o pensamento convergente. Com este vamos analisar e avaliar o que é realmente importante, tem valor e pode ser realmente criativo. O pensamento convergente também tem suas regras:

- Ser deliberado e específico;
- Usar o julgamento afirmativo (não descartar nenhuma idéia);
- Não decidir rapidamente;
- Refinar as idéias; e
- Checar em relação aos objetivos.

Todas estas informações acima vão nos ajudar bastante a entrar nas técnicas de geração de idéias. Procure estar com elas sempre à mão.

TÉCNICAS DO PENSAMENTO DIVERGENTE

BRAINSTORM

Vamos então trabalhar com algumas técnicas. A mais conhecida de todas é a tempestade de idéias, também chamada pelo seu nome original de brainstorm. O objetivo desta técnica é produzir o maior número possível de idéias, falando o que vier à nossa mente em relação a alguma questão levantada. E minha sugestão é que você diga o que vier mesmo. Não faça nenhum filtro para o que vem. Quando a gente tenta filtrar, no fundo estamos censurando e, pior, estamos criando um congestionamento em nossa linha de produção mental. Isto porque, se a idéia não sai, ela começa a impedir as outras de saírem. Assim, fale o que vier à mente, mesmo parecendo fora de qualquer sentido ou mesmo repetida.

Minha colega de mestrado na Espanha, Rita Wengorovius, atriz e diretora de teatro, portuguesa de pais poloneses, em uma aula sobre *brainstorm*, com muita espontaneidade produziu uma definição sobre esta técnica que para mim é fantástica:

"Tempestade de idéias é um movimento total que se dá no ser humano nas proximidades das terras galegas, mais intensamente em terras lusas. Conhecida por tremores nas pernas, toda a parte superior do corpo ganha uma cor avermelhada. O ritmo cardíaco acelera, os olhos têm movimentos acelerados que levam o sangue ao hemisfério esquerdo superior, perto do quarto direito, por vezes também ao sexto esquerdo, e as idéias começam a descer pela língua aos gritos".

Uma referência muito apropriada à técnica.

Agora vou colocar um problema e você em seguida comece a dizer idéias para resolvê-lo. Vale? Uma sugestão: não precisa escrever longamente a idéia. Escreva uma frase que seja clara para você e para quem vai ler, se for o caso. Não se preocupe em defender ou justificar a idéia. Apenas fale; neste caso escreva.

Como podemos melhorar a educação em nosso país?

Aproveite para ver como foi a sua fluidez, a flexibilidade e a originalidade das idéias. Muitas idéias? Foram diferentes? novas? Não se preocupe se isto ainda não está ocorrendo da forma como gostaria. Já falamos sobre isto. No começo pode-se ter alguma dificuldade pois está sem pique, sem ritmo. Você verá, no futuro, que as idéias virão mais facilmente.

Avalie a seguir o que percebeu. Como as idéias chegaram e de que forma elas eram? Em quais características você está melhor?

Se você estiver em um grupo de pessoas, cujo objetivo é resolver este problema, ou outro qualquer, faça antes uma transição (vou explicar isto mais tarde) e inicie o trabalho. Procure colocar as pessoas à vontade e certifique-se de que todos têm material à mão. Nestes casos você deve usar as folhas de recados adesivas. Os participantes devem colocar uma idéia e somente uma em cada folha e, em seguida, falar a idéia. Peça alguém para pegar a folha e colocá-la em um quadro ou flip-chart. Cole todas naquele lugar. Procure incentivar os participantes a falarem o máximo de idéias possível. Não deixe que haja debate sobre as idéias, ou justificativas, ou defesas. O tempo de geração de idéias é somente para produzi-las. Haverá o tempo para avaliá-las. Muitos risos após cada idéia pode ser motivo de censura. Ou seja, através do riso os participantes estão censurando as idéias dos outros. Isto bloqueia. Procure sair fora disto. Dê uma parada, converse um pouco, vão tomar um café. Depois voltem e comecem novamente.

Não se preocupe se estiverem ocorrendo sugestões semelhantes. Os participantes precisam colocá-las para fora. Você deve sugerir que façam isto. Não devem guardar sugestões. Toda vez que fazem isto, criam um congestionamento no cérebro. A sugestão que não sai impede a fluidez.

Procure estimular as pessoas com novas formas de pensar, olhando através de novas perspectivas. Por exemplo, no problema acima, peça para eles pensarem como se fossem os alunos, que idéias teriam? Se fossem os professores, que idéias teriam? se fossem os pais dos alunos? E diretores de empresas? Se fossem os políticos? etc. Quando estamos gerando idéias é sempre oportuno sermos confrontados com outras perspectivas, pois elas nos ajudam a fazer diferente e melhor.

Se você estiver facilitando a sessão não tente escrever as idéias, nem peça nenhuma pessoa para ficar escrevendo as idéias em um quadro ou flip-chart. Somente se não houver outra forma. Procure um método em que todos contribuam falando as idéias e, ao mesmo tempo, escrevendo em folhas de papel adesivo.

Ao final, quando as pessoas já não estiverem dando muitas idéias, faça o fechamento.

O conjunto de idéias deverá ser dado ao interessado no problema. Vamos chamá-lo de cliente. Ele é o responsável para fazer a convergência. Mas este cliente pode ser um grupo de pessoas. Cabe ao cliente escolher a melhor idéia.

Se você está fazendo a geração de idéias sozinho, fica um pouco mais fácil. Escolha as idéias que mais novidades encerram e resolvam o seu problema. Lá na frente vamos conversar sobre técnicas de convergência e aí você pode usar uma delas.

Em um grupo, é melhor começar por uma votação, pois haverá muitas idéias. Procure dar bastante tempo para convergência. Ela ocupa entre duas a três vezes o tempo da divergência. Ou seja, se o grupo ficou trinta minutos gerando idéias, teremos em torno de uma hora a uma hora e meia para fazer a convergência. É importante não ficar tentando resolver logo. Uma boa idéia pode estar escondida atrás de uma frase comum. É importante ler e interpretar a idéia de várias formas.

Ao trabalhar com um grupo, como se sentiu? O que pode ser melhorado?

BRAINWRITING

O irmão mais novo do *brainstorm* é o *brainwriting*. O primeiro foi desenvolvido pelo publicitário americano Alex Osborn. O segundo, pelo professor alemão Horst Geschka. Ambas técnicas trabalham da mesma forma. A diferença: no primeiro, os participantes falam as suas idéias e todos escutam. No segundo, as pessoas somente escrevem e tudo é feito em silêncio. Geschka havia chegado à conclusão de que era mais apropriado para as pessoas de cultura européia trabalhar com o brainwriting. Também posso dizer que nas culturas latinas, onde tenho trabalhado, este último funciona melhor. Nos cursos ou oficinas dadas no Brasil, Argentina, Chile, Guatemala, Espanha e Itália, os participantes sentem-se mais à vontade fazendo a tempestade de idéias por escrito. Recentemente fiz um teste com os participantes de um curso em Buffalo, nos Estados Unidos. Mais de dois terços deles eram deste país ou do Canadá, onde o brainstorm é mais difundido. Para minha surpresa a maior parte das pessoas disse preferir fazer a geração de idéias por escrito e em silêncio. Normalmente os profissionais nestes países têm um treinamento muito grande em técnicas verbais. Daí a minha surpresa.

No caso de fazer sozinho, não há muita diferença entre o *brainstorm* e o *brainwriting*. Isto porque não há com quem falar, e portanto você estará sempre fazendo suas anotações.

Quando estiver em grupo, a coisa é muito simples. Coloque os participantes em torno de uma mesa, ou mesas se forem muitos. Neste caso trabalhe com 5 a 8 pessoas por mesa. Dê uma folha de papel tamanho A4 ou similar para cada um deles. Coloque o problema de forma que todos compreendam claramente o que está sendo desenvolvido. Peça a cada um que escreva sua idéia no papel e coloque-o no centro da mesa. Quando outra pessoa colocar a folha ele deve pegá-la e escrever uma nova idéia devolver à mesa. Ou seja, vão escrever idéias nas folhas durante todo o tempo da sessão. E sempre escreve uma idéia e coloca a folha de volta ao centro da mesa. Pega outra folha. Escreve nova idéia. Volta ao centro. Pega outra. Não devem parar de escrever até que o facilitador assim o diga.

Deve deixar claro, bem claro, que não há problema algum em repetir idéias. Escreva tudo que vier à mente. Como diz a música de Chico Buarque: "aja duas vezes antes de pensar".

Durante o tempo de geração de idéias os participantes não devem conversar entre si, ou fazer comentários sobre qualquer idéia. Embora estejam em um grupo, devem trabalhar como se estivessem sozinhos. Isto não impede de usar como fonte de inspiração (para pegar carona) as demais idéias escritas por outras pessoas.

Existem livros sugerindo passar as folhas de uma pessoa para outra, seguindo a orientação do relógio, ou da esquerda para direita. Não faça isto! Deixe que as folhas sejam colocadas no centro da mesa, e cada um pega a que quiser, administrando dentro do seu próprio tempo. Se você estipula uma regra como aquela, apenas vai criar um congestionamento, pois as pessoas têm ritmos diferentes. O fato de ter uma folha esperando causa constrangimentos a ambos os lados e, com isto, vêm os bloqueios. Colocando no centro da mesa, cada um trabalha na sua própria cadência.

Tente fazer a tempestade de idéias desta forma com seus colegas. Vai ver que seus resultados são ótimos. Por outro lado não esqueça do poder da incubação. Depois de um certo tempo de geração de idéias, termine e guarde as folhas. No dia seguinte ou dois dias depois, procure fazer novamente. E, se possível, repita várias vezes. Quantas puder. À medida que o tempo passa haverá um resultado cada vez melhor.

Anote a seguir quais foram as diferenças que você encontrou em trabalhar com a técnica falada e a escrita? Em qual sentiu as suas idéias fluindo mais, mais flexíveis, e mais originais?

BRAINSTORM INVERSO

Agora vamos usar esta mesma técnica, seja verbal ou não verbal, mas feita de forma inversa. Inverter? Sim!, vamos inverter o problema. Ao invés de colocarmos a questão a ser resolvida de forma positiva, vamos escrevê-la negativamente. E vamos dar idéias para resolver da mesma forma que foi feita anteriormente. A diferença é que daremos sugestões ou idéias negativas também.

Por exemplo: Como podemos aumentar a pobreza em nosso país? Procure gerar o máximo de idéias para isto. Depois de um certo tempo, imagine-se que é presidente do país, que é um político desonesto, que é um político honesto, que é um pobre coitado, que é um cachorro vadio, que é uma árvore, e dê idéias com estas diferentes perspectivas. Vamos lá. Use a imaginação.

A que resultado chegou? Foi mais fácil gerar idéias desta forma? Já encontrei situações em que os participantes geraram mais idéias para uma questão colocada assim, do que colocada na forma positiva. É um excelente exercício. E qual é o segredo dele? Simples. Depois de realizá-lo você inverte o problema, ou seja, troca para: "como reduzir a pobreza em nosso país".

Em seguida inverte todas as respostas. O que você vai ter? O problema colocado de forma positiva e as respostas também. Muitas vezes bastante originais.

Já trabalhei certa vez com uma empresa em que os participantes preferiram trabalhar com o questionamento colocado da forma invertida. Sentiu-se mais à vontade para dar idéias.

Fluíam mais e tinham maior flexibilidade. Algumas até originais. Costumo chamar esta técnica de brainstorm Picasso. Isto porque este genial artista disse certa vez: "Antes de criar devemos destruir".

Vou lhe dar algumas sugestões para aplicação desta técnica. Ela é muito boa para fazer uma transição. Ou seja, o pessoal chega no local onde vai trabalhar com geração de idéias, precisa mudar um pouco o que estavam pensando. Faça como se fosse um exercício de aquecimento para o grupo. Proponha problemas do tipo: "Como podemos estragar nosso dia? ou Como piorar a sua situação?" Isto ajudará a colocar para fora tudo aquilo que está importunando. Assim os participantes ficarão mais aliviados.

Outra forma de aplicação é quando você está querendo compor um conjunto de princípios e valores para o grupo. Vamos supor que um grupo de pessoas vai ter um curso de um dia, dois, ou mais longo. Logo no princípio você faz este exercício propondo um problema do tipo: Como fazer um péssimo curso? (ou pode ser workshop, ou seminário, ou...). Verá que as respostas vão ajudar o grupo a montar seu conjunto de princípios para fazer um bom curso. E eles se sentirão comprometidos com isto, porque foi construção deles.

Você pode usar esta técnica para fazer avaliações durante o curso. Já fiz isto com dois MBAs e o resultado foi fantástico. Pudemos fazer melhorias significativas.

Uma outra forma é no trabalho. Suponha que você esteja necessitando organizar um projeto, uma atividade, ou fazer um relatório. Proponha para si mesmo, ou para o grupo, a seguinte questão: Como fazer um péssimo projeto? E verá que sairão respostas que ajudarão em muito a condução do trabalho.

Se o projeto já está em andamento, procure propor a questão: Como destruir este projeto? E novamente aparecerão idéias bastante positivas e que melhorarão substancialmente o trabalho que está sendo feito.

Também pode ser usada esta técnica quando você sentir-se bloqueado. Ou seja, "deu um branco" e não estão aparecendo mais idéias. Lembre-se: anteriormente Jerry Hishberg disse que, quando alguém fala isto para ele, pede para desenhar o branco. Como ele está em um ambiente de designers, desenhar fica mais fácil.

No seu caso faça-o escrevendo em um papel as respostas negativas. Em pouco tempo estará restabelecendo seu processo criativo.

Você se sentiu bem com está técnica? Como foi em relação às outras já apresentadas?

SYNECTICS VISUAL

Já falamos aqui de Horst Geschka. Ele concluiu que quando trabalhamos com geração de idéias é importante estimular os participantes com figuras, fotografias, desenhos ou mesmo a vista que temos através das janelas. Por certo esta conduta ajuda aquelas pessoas mais visuais do que verbais. E sempre ajuda muito os verbais também, porque vão treinando-os a desenvolver idéias através de outros estímulos.

Recentes pesquisas têm mostrado que, se usarmos desenhos, fotografias, figuras mais surrealistas, ou sem um sentido claro, é muito possível que consigamos despertar outros tipos de reações no grupo e, com isto, idéias bastante promissoras.

Por isto, durante as sessões de geração de idéias procure ter à mão material deste tipo para apresentar aos participantes. Neste caso faça uma parada e mostre as figuras. Peça aos participantes para falarem em voz alta o que estão percebendo, e quais idéias estas percepções podem gerar. Para alguns deles não será uma tarefa muito fácil. Mas, como na ginástica, devemos nos esforçar para fazer todos os exercícios, pois serão muito proveitosos.

Se estiver sozinho procure fotos ou desenhos em uma revista ou livro que esteja à mão. Se não tiver, não se preocupe. Olhe em uma direção de onde você está para um lugar e veja os objetos, quadros, ou diversas coisas que possam estimular o pensamento. Tanto usando fotos ou figuras, como a visão pela janela ou dos objetos da sala, verá imagens que despertarão sua percepção. Use as palavras para descrever o que vê e sente. Estas percepções poderão ajudar com relação ao problema que está trabalhando. Que idéias elas sugerem? Esforce-se um pouco para "sair do quadrado" ou da "zona de conforto" que as coisas comuns nos dão. Tente!

Vamos voltar à questão que trabalhou na tempestade de idéias no início dos exercícios. Anote as novas idéias desenvolvidas quando está olhando para estes novos estímulos:

MAPA MENTAL COMO RELAÇÕES FORÇADAS

O mapa mental é uma técnica desenvolvida por Toni Buzan. É uma técnica de aberturas sucessivas a partir de um ponto central. Este ponto central pode ser uma palavra, ou conceito, ou uma questão. À medida que saímos do centro para a periferia vamos colocando informações que nos facilitam a entender o que estamos estudando.

Se você já trabalhou com Estrutura Analítica de Projetos (*Work Breakdown System*), ou com o diagrama de Ishikawa vai sentir a similaridade. Se não trabalhou, não é problema. Mapa Mental é uma forma de estruturar as informações, utilizando, segundo seu autor, as ramificações que o nosso cérebro faz.

No entanto, você já viu e trabalhou várias vezes com organogramas. É um tipo de estrutura analítica. Então vai sentir muita facilidade. Ambos usam o critério de ramificar-se a partir de um ponto central ou principal.

No caso dos organogramas vamos abrindo em áreas de trabalho; na Estrutura Analítica de Projeto, abrimos nas várias atividades de um projeto; no Mapa Mental abrimos de acordo com as informações que estamos trabalhando. Portanto, é simples.

Em nosso exemplo vamos usar o Mapa Mental como uma ferramenta para forçar relações. Por isto podemos chamar também de técnica de Relações Forçadas. O objetivo é colocar juntas expressões não relacionadas entre si e procurar tirar delas, forçadamente, idéias para resolverem a questão que estamos trabalhando.

Vamos pegar uma questão: Como posso aproveitar melhor as minhas férias?

Na página seguinte tem um modelo de mapa mental com suas ramificações. Você verá uma figura oval no centro. Neste centro coloca-se a palavra Férias. Este centro se ramifica em seis outras figuras ovais. Portanto, o que vai fazer é escrever em cada figura o que a palavra férias lembra a você. Serão seis respostas, seis novas palavras.

Depois de terminadas estas seis, verá que cada uma delas se ramifica em outras três figuras ovais. Esqueça a palavra central e enfoque a sua atenção nas expressões que já estão em cada uma das seis figuras. Para cada uma você vai fazer da mesma forma feita anteriormente.

Neste exercício tomei a liberdade de participar fazendo as três primeiras ramificações. Se não gostar delas, por favor escreva outras palavras. Mas não esqueça de completar as demais. Vamos em frente.

O objetivo é ter ao final em torno de dezoito expressões que não estarão muito relacionadas com a primeira palavra Férias. Ao ter estas expressões você pode combinar duas a duas, de qualquer posição, e ver as idéias interessantes que elas sugerem para as férias.

Por exemplo: se juntar as palavras Amigos e Estrada, o que estas duas palavras sugerem para umas boas férias? Uma viagem de aventuras? Um passeio por cidades onde seus amigos moram? O que as palavras Distância e Saúde sugerem? Um seguro de saúde apropriado para a viagem. Estar em condições de saúde para uma longa viagem. E assim por diante.

Você poderá fazer centenas de combinações, inclusive juntando mais palavras, ao invés de duas, três.

Chamamos de relações forçadas por que, ao juntar as palavras, muitas das vezes sem nenhuma relação uma com a outra, estamos pressionando a mente para fazer associações incomuns que vão estimular a elaboração de idéias completamente originais.

Portanto, complete as ramificações e comece a juntar palavras e veja que idéias elas sugerem:

Férias

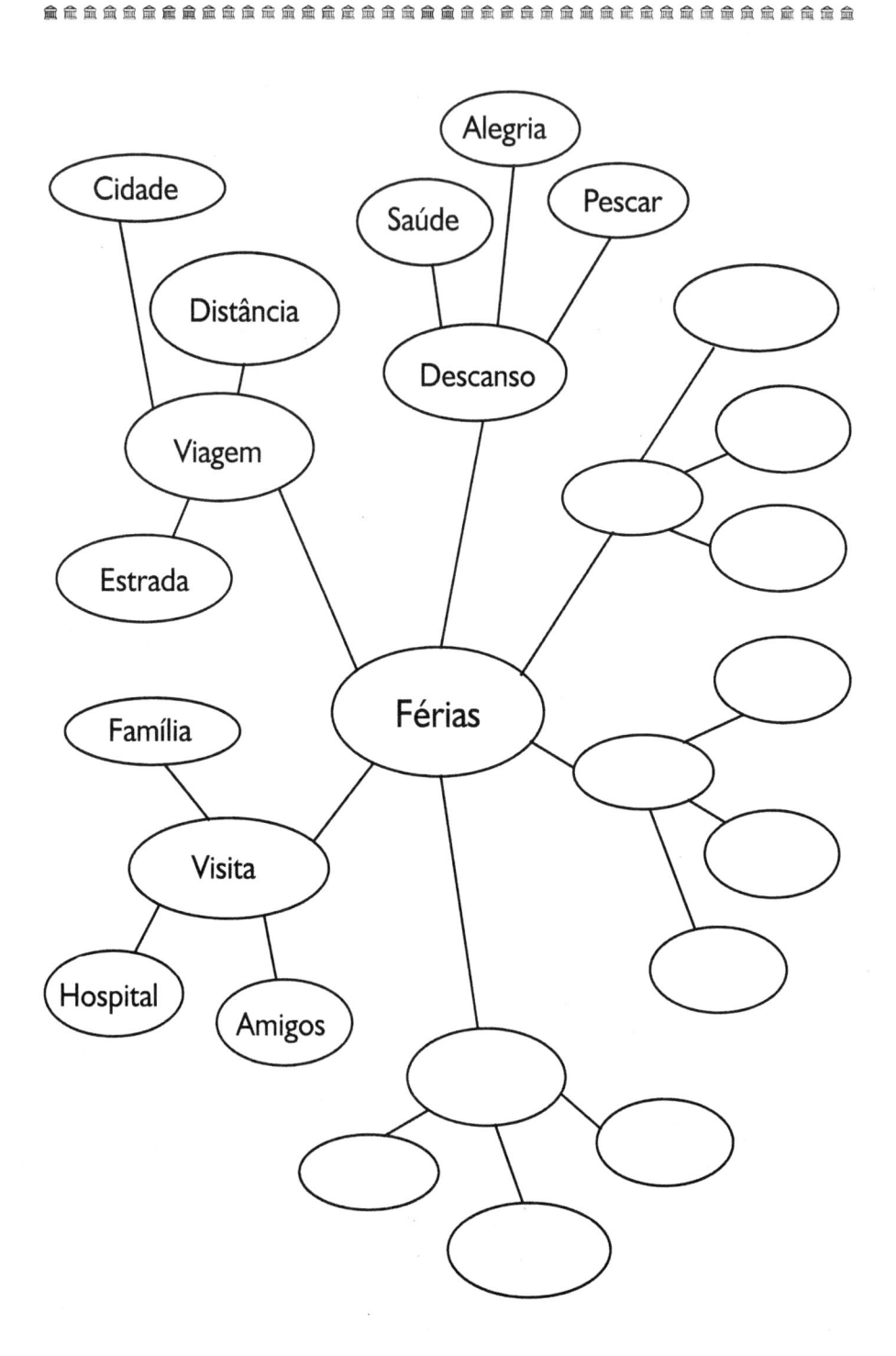

- Alegria
- Saúde
- Pescar
- Descanso
- Cidade
- Distância
- Viagem
- Estrada
- Família
- Visita
  - Hospital
  - Amigos

Ao terminar de escrever todas as palavras, faça as combinações entre elas e veja que idéias elas sugerem. Escreva-as abaixo:

Escolha as idéias que mais lhe agradam. Veja se elas são realmente novas para você e se correspondem a uma possibilidade de se ter umas férias prazerosas.

Para escolher as melhores podemos usar algumas ferramentas do pensamento convergente.

Comparando esta técnica com as anteriores, como você se sentiu? Em qual delas percebeu maior fluidez? Flexibilidade? Originalidade?

TÉCNICAS DO PENSAMENTO CONVERGENTE

Lembra-se de Midas e Minerva, a da Sabedoria, no evento de Carla, o MITOdoLOGIA®? Pensamento convergente foi o trabalho deles. Este pensamento nos ajuda a escolher a melhor idéia. Como disse o professor Sidney Parnes: "Todo processo de escolha é subjetivo, mas as técnicas nos ajudam a reduzir um pouco desta subjetividade". No fundo muito da nossa sensibilidade ou intuição é que vai valer na hora de escolher.

COMPARAÇÃO POR PARES E CRITÉRIOS

Uma das técnicas convergentes é a de comparar as idéias aos pares. Ou seja, você compara as idéias duas a duas. Use o sentimento para decidir qual é a melhor. Ao final a que teve mais sucesso nos embates duplos será a vencedora.

Outra técnica é a de comparar por critérios. Ou seja, se tomamos aquele último exercício vamos procurar encontrar quais os critérios mais importantes para a decisão sobre suas férias: custo, distância, tempo de viagem, número de pessoas, cidades visitadas, lugares desconhecidos, história, topografia, e outros mais. Alguns são relevantes, outros não. Depende de quem está escolhendo. Por exemplo, se é um alpinista ou montanhista, a topografia será um critério relevante para escolha. Se a pessoa gosta de canoagem um dos critérios será a possibilidade de encontrar boas corredeiras. Se for um surfista, um critério importante será a praia com boas ondas. Se for uma pessoa que gosta de shows... Se for uma pessoa que gosta de história... Enfim, nesta questão os critérios têm que estar também relacionados com nossos prazeres. Afinal você está fazendo escolha a respeito de suas férias. Quais seriam os seus critérios? Após defini-los deverá comparar cada idéia em relação aos critérios selecionados. Aquela que tiver o melhor desempenho, será a escolhida.

PPC

Outra técnica mais interessante do meu ponto de vista é o PPC. Em inglês quer dizer *Pluses, Potentials and Concerns*. Em português podemos chamar de Vantagens atuais, Potencialidades e Preocupações. Também neste caso tomamos cada idéia selecionada e avaliamos. Depois fazemos uma comparação. Logo a seguir há um roteiro para fazer estas avaliações.

Por exemplo, tome as melhores idéias que já escolheu da questão sobre as férias e use o formulário proposto:

IDÉIA 1:

VANTAGENS *(Quais são as 3 vantagens, muito especiais, que colocam esta idéia acima das demais? O que esta idéia tem de bom agora?)*

POTENCIALIDADES *(Quais são as 3 potencialidades e futuros ganhos que resultarão com a implementação desta idéia?)*

PREOCUPAÇÕES *(Quais são as preocupações a respeito desta idéia? Levante as dificuldades e problemas que podem advir com sua implementação. Escreva a preocupação como se fosse uma questão: Como .... ?)*

IDÉIA 2:

VANTAGENS *(Quais são as 3 vantagens, muito especiais, que colocam esta idéia acima das demais? O que esta idéia tem de bom agora?)*

POTENCIALIDADES *(Quais são as 3 potencialidades e futuros ganhos que resultarão com a implementação desta idéia?)*

PREOCUPAÇÕES *(Quais são as preocupações a respeito desta idéia? Levante as dificuldades e problemas que podem advir com sua implementação. Escrever a preocupação como se fosse uma questão: Como .... ?)*

Compare todas as idéias. Se tiver mais que duas, use uma folha de papel extra para levantar o PPC de cada uma. A partir daí você terá uma visão bem ampla de todas as sugestões e poderá escolher com mais facilidade. Evidentemente aqui estamos usando em uma questão bastante simples. Mas vale para situações complexas também. Além do mais, esta técnica nos traz a possibilidade de trabalhar as situações que terão que ser resolvidas para que a solução tenha sucesso. No último quadro, quando trabalhamos as preocupações em forma de novas questões, no fundo estamos estimulando novas gerações de idéias para desenvolver estratégias para implementação de nossa idéia principal.

Bom, creio que já temos técnicas suficientes para você fazer trabalhos seja pessoalmente, seja em grupos. Volto a enfatizar, o ponto mais importante é a persistência. Como já disse, no princípio os resultados serão pequenos, mas com a repetição verá que eles serão muito bons. Não esqueça do poder da incubação. Ela ajuda muito a melhorarmos nossas idéias.

MÉTODO OSBORN/PARNES DE SOLUÇÃO DE PROBLEMAS DE FORMA CRIATIVA

Agora que já trabalhamos estas técnicas, poderíamos voltar àquele método usado logo depois que Carla saiu do oráculo. Lembra-se? chama-se método Osborn/Parnes. Como já foi dito, foi desenvolvido por Alex Osborn e Sidney Parnes. É também conhecido como CPS, que vem a ser a sigla em inglês de Creative Problem Solving.

Vamos primeiro fazer um exercício de forma fácil e rápida. Depois vamos usar novamente aquele formulário apresentado ao final do trabalho no oráculo. Tome uma folha de papel comum, ou use os intervalos a seguir para fazer o exercício:

Pense em um desejo, ou sonho que quer realizar. Um objetivo ou desafio. Como é um exercício rápido sugiro pensar em alguma coisa simples:

Agora levante todos os dados que você conhece a respeito deste desejo, sonho, etc. Podem ser informações, observações, sentimentos, percepções. Fique à vontade para escrever.

Selecione o mais importante de todos eles.

Agora escreva este dado sob a forma de problema:

Como posso ....?
(por exemplo: como posso aumentar meus rendimentos?)

Procure gerar o máximo de idéias que podem solucionar esta questão. Não esqueça de fazer algumas conexões forçadas. Pensar como se fosse outra pessoa, etc.

Avalie agora qual a idéia mais original e interessante, que resolve de forma completamente nova a questão.

Selecionada a idéia, procure ver quem pode ajudar a implementá-la, quem pode resistir à sua implementção, e como reduzir esta resistência.

Muito bem! Fizemos um exercício rápido. Vamos agora fazer um novo exercício usando o formulário e você poderá pensar alguma coisa mais difícil ou mesmo complexa para resolver. Se quiser poderá trabalhar com um grupo. Mas vamos lá, não perca esta oportunidade. Lembre-se que estamos EXERCITANDO, EXERCITANDO, EXERCITANDO. Por isto, esta parte encerra um aprendizado muito grande. Em frente:

Primeiro você vai identificar o seu objetivo, ou seu sonho, ou seu desejo.

As questões a seguir vão colaborar para chegar a uma conclusão.

- Quais são as coisas que está fazendo e que gostaria de fazer melhor?
- Quais são os seus desafios?
- O que deseja?
- Quais são as suas metas?
- O que deveria ser feito melhor?
- Qual é o seu maior sonho?

Você já escreveu algumas possibilidades, vamos organizá-las mais um pouco. Utilizando-se dos inícios de frases abaixo, escreva as opções que mais lhe atraíram acima. Use estes inícios de frases como estímulos para sua expressão:

- Seria muito bom se ....
- Seria ótimo se ....
- Eu desejo ....
- Eu quero ....

Escolha a opção mais interessante. Aquela pela qual está mais disposto a trabalhar. Construa a expressão de forma bem clara. Veja se ela tem o sentido de PERTENÇA, ou seja, se é uma situação que está no seu âmbito de solução. Veja se é MOTIVADORA, se ela impele você para a busca de resultados. Escreva a seguir:

```
┌─────────────────────────────────────────────┐
│                                             │
│                                             │
│                                             │
│                                             │
└─────────────────────────────────────────────┘
```

Com foco neste seu sonho, desejo ou objetivo, levante o maior número dados a respeito dele. Use estas questões abaixo para ajudar a levantar estes dados. Mas não se limite somente a elas. Vamos lá!

- Qual é a breve história desta situação?
- Quem está envolvido?
- Quem toma a decisão?
- Como você está envolvido?
- O que pode ajudar você?
- Quais são os obstáculos que tem encontrado?
- Onde você tem encontrado estes obstáculos?
- Esta situação ocorre em momento ou local definidos?
- Há quanto tempo isto tem preocupado ou interessado?

- Quais são os sentimentos que estão envolvidos?
- Como estes sentimentos afetam você?
  (Vá além destas perguntas. Procure por mais dados.)

Agora releia todos eles e assinale os mais interessantes e intrigantes, e que revelam uma nova abordagem. Procure agrupá-los em conjuntos de mesma natureza ou que tratem de um mesmo assunto.

Qual é o dado ou agrupamento mais importante? Sobre o que ele trata?

....

....

Já temos o que é mais importante, agora é transformar esta informação em uma declaração de problema que seja clara e motivadora para você.

Portanto, olhando o que está escrito acima, quais são os problemas suscitados?

Escreva na forma que motive a procura de solução:

• "Como .... ?" ou

• "De que forma ....?"

Exemplos: Como reduzir minhas despesas mensais? De que forma posso melhorar a relação com meus filhos? Como aumentar as vendas?

(Obs.: não escreva a declaração com mais de um verbo de ação.)

Novamente assinale o problema mais importante, evidente, e instigador. Ao resolvê-lo o seu desejo será conseguido. *Escreva-o a seguir:*

Você está com o problema claramente declarado; procure fazer como os sacerdotes e as sacerdotisas e gere o máximo de idéias possível para resolvê-lo.

Faça como no *brainstorm*, escreva tudo que vier a sua mente. Não censure, nem regule, nem deixe de escrever alguma coisa. Procure usar as regras abaixo:

- Não censure qualquer idéia que vier;
- Aceite todas as idéias;
- Tome carona em outra idéia;
- Procure pelo diferente;
- Combine idéias;
- Quantidade gera qualidade;
- Corra riscos.

Se não estiverem ocorrendo muitas idéias (fluidez), procure inverter o problema e veja que respostas estão saindo. Se estiverem boas, continue. Caso contrário dê uma parada e depois volte à questão. Não se preocupe. Vai chegar até o fim muito bem, e com o seu problema resolvido.

Como no Oráculo, mude a sua forma de ver o problema e veja que outras idéias teria.

Como resolveria este problema se fosse um gato, um cachorro, um elefante, um passarinho? Se estivesse em um jardim, como as flores poderiam resolver este problema? O que as árvores sugerem para você?

Procure novas formas de pensar. Pense o impensável e escreva:

Você está satisfeito com a quantidade de idéias (fluidez)? E com a sua capacidade de gerar idéias diferentes (flexibilidade)? Se não estiver, espere um pouco. Volte ao assunto mais tarde. Dê um tempo para incubar novas idéias. Se estiver satisfeito, tal qual o Rei Midas, procure assinalar aquelas idéias mais originais e que irão realmente solucionar o problema. Verifique quais atendem melhor a sua questão. Agora procure combiná-las e veja se novas idéias podem ser produzidas.

Escolha as 4, 5 ou 6 melhores e anote-as abaixo:

De posse das melhores idéias, você agora vai compará-las, de acordo com o critério abaixo. Para cada idéia você vai fazer o roteiro a seguir.

IDÉIA I:

> *Quais são as vantagens desta idéia que estão acima das outras, e a torna muito especial? O que ela tem bom agora?*
>
>
> *Quais são as vantagens potenciais e futuros ganhos que resultarão com a implementação desta idéia?*
>
>
> *Quais são as preocupações ou desvantagens a respeito desta idéia?*

Faça o mesmo com todas as idéias.

Feito isto, procure compará-las. Qual é a que você acredita ter as melhores possibilidades? Você está convicto disto? Se não está procure avaliar um pouco mais. Se está, muito bem. Vamos em frente.

Agora que já definiu qual é a sua melhor idéia você vai preparar um plano de aceitação para ela. Lembra-se de Hércules? Pois é, agora você vai se preparar para convencer as pessoas de que sua idéia é boa, e defendê-la dos interessados em destruir ou resistir.

Escreva aqui sua IDÉIA:

Informe os PONTOS FORTES desta idéia:

Informe as oportunidades, ganhos futuros, e suas possibilidades:

Quais são os PONTOS FRACOS desta idéia? Quais as preocupações que ela traz consigo?

Como superar cada um destes pontos fracos e destas preocupações? Faça um brainstorm para cada uma e veja como avançar.

Quem são as pessoas que podem APOIAR esta idéia? O que faz elas acreditarem firmemente em sua força?

Parte III: Exercitando, Exercitando, Exercitando com Situações Reais   155

Como você pode conseguir a colaboração das pessoas que estão dispostas a apoiar?

Quais são as BARREIRAS que você poderá enfrentar(pessoas ou condições que podem criar dificuldades ou impedir)? Por quê?

Como você pode neutralizar ou reduzir estas BARREIRAS?

Verifique quais são as condições favoráveis à implantação desta idéia (local, período, preços, custos, etc.).

E quais são as condições que dificultam a implantação desta idéia (local, período, custos, etc.).

Como superar estas dificuldades?

Você tem agora todas as possibilidades de implementar sua idéia. Siga em frente. Sucesso. Mas, caso não tenha gostado do resultado, lembre-se da Caixa de Pandora. É importante manter a esperança. Faça-o novamente.

Não se furte de fazer este exercício mais algumas vezes. Até que o processo fique gravado em sua memória será necessário praticar algumas vezes. No entanto, lembre-se, ao usar estas técnicas começará a sentir uma sensação muito boa. Primeiro, vai estar melhorando significativamente suas respostas aos desafios diários. Segundo, sobrará mais tempo para pensar em coisas mais importantes ou mesmo estratégicas para a sua organização e para você também. Terceiro, sua competência irá aumentar sensivelmente. Passará a ser um profissional cada vez mais reconhecido pelas novas soluções que apresentar.

Desde que comecei a trabalhar com estas técnicas, especialmente do pensamento divergente, reparei que o tempo gasto com a preparação e execução dos meus projetos foram diminuindo sensivelmente.

Hoje estou certo de que já reduzi em muitos casos 50% do meu tempo para muitos projetos. Este livro mesmo. Coloquei na parede folhas de recados adesivos sobre todos os tópicos e informações a serem abordados no livro. Isto me ajudou imensamente. Depois de algum tempo de anotações, tive apenas o trabalho de organizar as informações por natureza e escrever.

Tenho colaborado com organizações e equipes para prepararem seus planos estratégicos. Usando estas técnicas consegui grandes ganhos de tempo e uma melhoria relevante no nível de participação e inclusão, e, com isto, no comprometimento com os trabalhos.

Poucos dias atrás trabalhei com uma equipe de 60 pessoas, de uma grande área de engenharia de uma empresa. Em um dia somente fizeram todo o trabalho de seu plano estratégico. Desde a declaração da Visão até o esboço dos Planos de Ações, passando por Missão, Objetivos Estratégicos, Análise Ambiente e

Estratégias. Foi rápido e com muita participação e comprometimento entre todos. Isto tudo graças ao uso de técnicas do pensamento divergente. Os participantes sentem-se parte do trabalho pois as técnicas facilitam isto.

Também não quero deixar de falar mais um pouco a respeito da importância de se vender uma idéia. Tenho reparado que muitas idéias boas são perdidas ou engavetadas porque não nos preparamos para isto. Não se iluda. Por melhor que seja a sua idéia, ela vai passar por uma bateria de teste muito grande. Você deve preparar-se. Idéias novas representam mudanças e nem sempre as pessoas estão interessadas em mudar. Por outro lado, também podem representar mudança de poder, e isto pode criar grandes barreiras. Portanto, trabalhe a sua idéia antes para que seja vencedora. Use bem a parte da aceitação do formulário anterior. Ele dá uma boa orientação.

Como disse Hércules ao final dos trabalhos no oráculo: você tem todas as condições de ir em frente. Use a sua competência.

TRANSIÇÕES

Por algumas vezes, anteriormente, comentei que iria tocar neste assunto mais tarde.

Todas as vezes que vamos fazer uma sessão de geração de idéias é muito importante colocar os participantes sintonizados com ela. Muitas vezes estes participantes estavam em reuniões ou atividades que desgastam e consomem muita energia. Seja em suas casas, com problemas domésticos para resolver, ou no trabalho. Assim, toda vez que vamos entrar em uma sessão devemos antes promover uma transição.

Transição quer dizer sair de um lugar e ir para outro. Nestas reuniões devemos tirar da mente o que estávamos pensando antes e enfocar o trabalho de agora. Isto melhorará significativamente os resultados da geração de idéias, porque as mentes dos participantes não ficarão congestionadas com as questões que pressionavam anteriormente. Terão mais facilidades de dar novas idéias.

Existem diversos exercícios para isto, e até livros que se dedicam a fazer algumas dinâmicas de grupo para este fim. Mas nem sempre temos isto à mão, e nem sempre é possível usar. Como já disse, você pode propor um *brainstorm* inverso. É um exercício que ajuda muito. Pode propor um tema: Como podemos fazer uma péssima sessão de geração de idéias?

O próprio tema ajuda o participante a limpar a mente. Pode propor: Como podemos ter um péssimo dia? Como podemos criar mais confusão em nosso trabalho? Enfim, temas que estão ligados à eliminação de pontos de congestionamento de idéias.

Outra forma é pedir aos participantes para escrever em um papel tudo aquilo que está pressionando, e mais aquilo que pretendem fazer hoje após a sessão de geração de idéias. Peça para escreverem quando irão tratar de cada tópico. Por certo vão se sentir mais organizados e tranqüilos, deixando a mente com mais espaço para gerar idéias.

Depois de feito um destes exercícios você perceberá que os participantes estarão mais soltos para a geração de idéias. Mas não deixe de fazê-lo.

Já temos suficientes informações. Agora é exercitar. Qualquer dúvida, não se esqueça, use o endereço:

www.benetti.com.br

O cego encontra no escuro a sua oportunidade para enxergar. E você, o que está fazendo para ir além dos seus limites?

Paulo Benetti

TODOS OS DIREITOS RESERVADOS

MITOdoLOGIA® é a corruptela de mitologia e metodologia. Isto porque é nome de um programa de desenvolvimento da criatividade e inovação elaborado para que as pessoas usem mais facilmente o processo criativo, em forma de dramatização, na qual os mitos da Grécia e Roma antigas contribuem para o aprendizado.

O programa está registrado legalmente e só poderá ser usado com autorização do autor: Paulo C. A. Benetti.

All rights reserved

Entre em sintonia com o mundo

QualityPhone:
0800-263311
Ligação gratuita

Qualitymark Editora
Rua Teixeira Júnior, 441 – São Cristóvão
20921-400 – Rio de Janeiro – RJ
Tel.: (21) 3860-8422
Fax: (21) 3860-8424

www.qualymark.com.br
e-mail: quality@qualitymark.com.br

Dados Técnicos:

• Formato:	16×23cm
• Mancha:	12×19cm
• Fontes Títulos:	Humnst521 BT
• Fontes Texto:	News701 BT
• Corpo:	11
• Entrelinha:	13,2
• Total de Páginas:	180

Impressão e acabamento
Gráfica da Editora Ciência Moderna Ltda.
Tel: (21) 2201-6662